Carl-Heinz Mallet

Die Leute von der Hafenstraße

Über eine andere Art zu leben

Edition Nautilus

Editorische Notiz: Für Anteilnahme und kritische Begleitung beim Entstehen des Buches dankt der Autor Hella Mallet, José Barth und Sigurd Schwarz.
Umschlaggestaltung: Maja Bechert, unter Verwendung einer Fotografie von Siegfried Kühl.

Edition Nautilus Verlag Lutz Schulenburg
Alte Holstenstraße 22 · D-21031 Hamburg
Alle Rechte vorbehalten · © Lutz Schulenburg 2000
ISBN: 3-89401-346-X · Printed in Germany
www.edition-nautilus.de
1 2 3 4 5 · 2004 2003 2002 2001 2000

Nie hat ein Mensch ein tieferes, leidenschaftlicheres Bedürfnis nach Unabhängigkeit gehabt als er. In seiner Jugendzeit, als er noch arm war und Mühe hatte, sein Brot zu verdienen, zog er es vor, zu hungern und in zerrissenen Kleidern zu gehen, nur um dafür ein Stückchen Unabhängigkeit zu retten. Er hat sich nie für Geld und Wohlleben, nie an Frauen oder an Mächtige verkauft und hat hundertmal das, was in aller Welt Augen sein Vorteil und Glück war, weggeworfen und ausgeschlagen, um dafür seine Freiheit zu bewahren. Keine Vorstellung war ihm verhaßter und grauenhafter als die, daß er ein Amt ausüben, eine Tages- und Jahreseinteilung innehalten, anderen gehorchen müßte. Ein Bureau, eine Kanzlei, eine Amtsstube, das war ihm verhaßt wie der Tod, und das Entsetzlichste, was er im Traum erleben konnte, war die Gefangenschaft in einer Kaserne. All diesen Verhältnissen wußte er sich zu entziehen, oft unter großen Opfern.

Hermann Hesse
Der Steppenwolf,
Tractat vom Steppenwolf

ZUR VORGESCHICHTE

Mehr als zwei Jahre bin ich in der Hafenstraße ein und aus gegangen, habe in der Volksküche gegessen, im Café am Teich Kaffee getrunken, im *Onkel Otto* am Tresen gesessen und an etlichen Veranstaltungen teilgenommen. An die 150 Seiten Notizen waren das Ergebnis meiner Recherche: Beobachtungen, Eindrücke, Reflexionen, teils nur Stichworte, einiges schon ausgearbeitet, das Ganze schön in zeitliche Reihenfolge gebracht und den entsprechenden Örtlichkeiten zugeordnet, damit ich ja nicht den Überblick verlöre. Dennoch besaß ich nichts weiter als einen Wust von Informationen. Vor dem stand ich eines Tages und fragte mich, wie je ein Buch daraus werden sollte. Ich wußte es nicht. Mir fiel Hanno ein, der an jenem denkwürdigen Abend nach dem Plenum gemeint hatte, etwas derartiges könne man nur erleben, nicht aber beschreiben. Das mochte stimmen, und vielleicht würde ich das Buch tatsächlich nicht zustande bringen.

Meinen Freund und Lektor José Barth verwunderte meine Ratlosigkeit nicht. Solange ich ständiger Besucher der Hafenstraße bliebe, würde ich den Weg zum Buch nicht finden, meinte er. Was ich brauchte, sei Abstand. Nur bei der notwendigen Distanz würden sich meine Erlebnisse und Erfahrungen ordnen, sich Wichtiges von Unwichtigem scheiden und ich überhaupt den Zugang zum Thema finden.

»Gehen Sie in Klausur«, riet er mir. Er hatte recht.

Aber so einfach sang- und klanglos verschwinden? Das wollte und das konnte ich nicht. So lud ich zu einem Abschiedsessen ein. Schlichte Spaghetti würden dafür nicht reichen. Inzwischen wußte ich, welche kulinarischen Ansprüche hier gestellt – und auch befriedigt werden. Außerdem erforderte der Anlaß etwas Besonderes.

Ein Lammcurry sollte es sein. Die Zubereitung ist indes aufwendig und für einen allein nicht zu schaffen, wenn er für dreißig Personen kocht – und das mit den küchentechnischen Gegebenheiten der Volksküche. Meine Frau würde mir helfen. Hier die Einladung:

Wir laden ein zu LAMMCURRY
Der Anlaß?

Ich muß endlich mit dem Schreiben anfangen. Und das klappt einfach nicht, solange ich regelmäßig in die Hafenstraße komme. Immer neue Eindrücke, Erfahrungen, Erlebnisse, mit denen ich fertig werden und die ich aufarbeiten muß.

Ich brauche Abstand, sonst wird nie etwas aus meinem Buch.

Also ein Abschiedsessen? In gewisser Weise. Endgültig werdet Ihr mich wohl nicht los.

Sagen wir: ein Jubiläumsessen. Ich komme nunmehr seit zwei Jahren zu Euch.

Der Duft zog die Leute an. In der gewaltigen Pfanne brutzelte das Gulasch in einer Mischung aus Curry, Zimt, Gewürznelken, Kardamom und Ingwer. Es kamen tatsächlich an die dreißig Gäste, und es schmeckte ihnen. Lutz meinte, er müsse zugeben, selten ein so gutes Curry gegessen zu haben. Und Sigi, der einige Zeit in Ostasien gelebt hatte, stimmte ihm zu.

Rüdiger tippte auf die Einladung und bemerkte: »Du willst also nun anfangen zu petzen und aus dem Nähkästchen plaudern.«

Genau das wolle ich, antwortete ich ihm.

So weit der Abschied. Die Trennung währte genau zwei Tage. Dann würde Josef in einer Band spielen – Gitarre. Wenn ich wolle, sagte er, könne ich ja vorbeikommen. Keine Frage, da mußte ich hin. Ich traf dort Sigi, und der lud mich ein, zu seiner »Night of Reggae« zu kommen. »King Sigi mit dem senzi soundsystem« stand auf dem Flyer, den er mir übergab. Es wurde eine lange Nacht.

Ab und an habe ich auch weiterhin in der Volksküche gegessen. Dort sah ich eines Tages die Einladung zum Plenum über die Mieten. Es fand erst nach unserem Abschiedsessen statt, ebenso Sigis Geburtstag. Dann wurde mit einer Party die Wiedereröffnung des *Ahoi* gefeiert.

»Kommt ihr?« fragte Olaf.

Wir kamen.

Ein langer Abschied also, und er ist bis heute nicht zu Ende.

Mein Lektor verzieh mir meine Inkonsequenz, nicht zuletzt darum, weil die Arbeit am Buch Fortschritte machte. Ich fand den Einstieg, und das verdanke ich auch einem Ausspruch Goethes. Durch Zufall stieß ich in *Dichtung und Wahrheit* auf seine Feststellung, daß eine überzeugende Darstellung weder billigt noch tadelt, vielmehr die Gesinnungen und Handlungen aus sich heraus entwickelt.

Ich hatte gebilligt und getadelt und außerdem aus meinen Beobachtungen und Erfahrungen vielfältige Schlußfolgerungen gezogen. Die Bewertungen stellten bis zu diesem Augenblick für mich die Quintessenz meiner Wahrnehmungen in der Hafenstraße dar. Es ist mir schwergefallen, doch ich habe sie allesamt gestrichen, denn Goethe hatte recht.

Aber was nun? Sollte ich aus dem Verbliebenen eine Art Protokoll machen, was nichts anderes wäre als ein äußerst ermüdendes Aneinanderreihen von Tatsachen? Ausgeschlossen.

Ich buchte den nächsten Last-minute-Flug und bummelte drei Tage durch eine fremde Stadt. Nach meiner Rückkehr scherte ich mich nicht mehr um den Wust von Fakten, den ich zusammengetragen hatte, und schrieb einfach los. Ich schilderte, was ich gesehen und erlebt und welche Gefühle mich dabei bewegt hatten. Ich machte »die« Hafenstraße zu »meiner« Hafenstraße. Nur so ließ sich übermitteln, was eigentlich nicht zu vermitteln ist. Damit hatte ich den gesuchten roten Faden und die angemessene Form, die das Ganze haben mußte.

Warum schrieb ich über die Hafenstraße?

Ich lebe in einem Eigenheim in gutbürgerlicher Gegend, und bis ich in die Hafenstraße gegangen bin, habe ich weder demonstriert noch Haschisch geraucht und schon gar nicht Häuser besetzt. Und was das Schreiben betrifft: Ich habe einige Bücher über Märchen veröffentlicht. Ein Lebenslauf also, der mich wenig dafür zu prädestinieren scheint, ausgerechnet über dieses Thema zu schreiben.

Was also trieb mich in die Hafenstraße? Mich trieb die Neugier.

Schon im Jahre 1987, als ich noch nicht einmal davon träumte, über die Menschen von der Hafenstraße ein Buch zu schreiben, zog es mich dorthin. Auf dem Höhepunkt der Auseinandersetzung zwischen der Stadt und den Hausbesetzern war ich als Zuschauer dabei. Ich wollte nicht lediglich in der Zeitung lesen, wie der Konflikt ausging. Und mich faszinierten diese Leute, die es geschafft hatten, seit nunmehr fünf Jahren die Landesregierung in Atem und zum Narren zu halten. Sie zahlten keine Miete, stahlen Strom und Wasser, warfen mit Steinen und schütteten Polizeibeamten Farbe und Schlimmeres auf die Köpfe. Mit größter Selbstverständlichkeit sahen sie die von ihnen besetzten Häuser als ihr Eigentum an. Frech prangte an einer Fassade der Spruch: »ZÄHLT NICHT UNS, SONDERN EURE TAGE«.

Um endlich Ruhe zu haben, bot die Stadt ihnen einen großzügigen Pachtvertrag an. Sie schimpften ihn Knebelvertrag und lehnten ihn ab. Schließlich war die Geduld der Regierung zu Ende. An jenem denkwürdigen Wochenende im November 1987 setzte sie das größte Polizeiaufgebot in der Geschichte der Hansestadt ein. Hinter Schilden wie einst die römischen Legionäre waren über 5000 Polizisten aus mehreren Bundesländern sowie Bundesgrenzschützer rund um die Hafenstraße aufmarschiert. Hinter ihren geschlossenen Reihen standen Wasserwerfer und schweres Gerät für Räumung und Abriß der Häuser bereit. Hubschrauber kreisten über dem Gebiet.

»Bilder wie in Belfast«, hieß es in *Die Zeit*. Die *Hamburger Rundschau* hingegen befand, der Staat trete als totaler Besatzer im Viertel auf.

Die Bewohner der Hafenstraße hatten ihre Häuser zur Festung ausgebaut, Türen und Fenster verbarrikadiert, die Dächer mit Stacheldraht bewehrt, Steindepots angelegt, Barrikaden errichtet und später angezündet. Der Piratensender »Radio Hafenstraße« verbreitete auf der Frequenz 96,8 MHz und über Lautsprecherboxen auf dem Dach von Haus 116 Durchhalteparolen, unterbrochen von fetziger Musik. Auf einem Transparent war zu lesen: »Bei Räumung Krieg«.

Trotz Demonstrationsverbot hatten sich einige tausend Leute eingefunden und gegen die Kälte kleine Lagerfeuer errichtet. Nachbarn brachten den Besetzern Butterbrote und heißen Tee. Ich sah eine Türkenmutter mit Kopftuch und einem Korb über dem Arm durch die Sperren gehen und eine Dame im eleganten Kostüm mit einer großen Plastiktüte. Ein junges Paar neben mir beschloß, wenn alles gut ging, sich in der Hafenstraße trauen zu lassen.

Einzelne Sprechchöre ermutigten die Besetzer.

Die Polizisten standen schweigend.

Als sich die Situation immer mehr zuspitzte und die Räumung bevorzustehen schien, mahnte der Sender Hafenstraße: »Leute, sauft nicht so viel.«

Die Nacht schritt voran, es geschah indes nichts. Der große Sturm auf die Häuser fand nicht statt. Der Erste Bürgermeister der Hansestadt, von Dohnanyi, gewährte eine allerletzte Frist. Wenn die Befestigungen abgerissen würden, sollte der Pachtvertrag unterschrieben werden.

Er wurde unterschrieben.

»Senat prämiiert den Rechtsbruch«, zitierte *Die Welt* den Bundesinnenminister und kritisierte die Medien, die Klaus von Dohnanyi »zu einer Art Friedensfürst« hochstilisierten.

Der Spiegel befand, Hamburgs Erster Bürgermeister sei »das C in der SPD«, und der Friedensschluß mit den Hausbesetzern habe ihn »zur Leitfigur einer neuen politischen Kultur gemacht.«

Die *Frankfurter Allgemeine Zeitung* kritisierte: »Millionengeschenke an die Hafenstraße.«

Am 20.2.88 erhielt Klaus von Dohnanyi den Theodor-Heuss-Preis für »seinen risikoreichen persönlichen Einsatz zugunsten einer gewaltfreien Lösung an der Hafenstraße« (Hamm-Brücher). In seiner Dankesrede sagte er: »Es klingt paradox, ist es aber nicht: Die Provokateure, die Herausforderer, die Grenzüberschreiter sind unentbehrliche Partner jeder Ordnungsmacht, die dauerhaft den Frieden bewahren will.«

Es blieb nicht friedlich in der Hafenstraße.

Die Besetzer hatten zwar den Pachtvertrag am Ende akzeptiert, ihn dann aber auf ihre eigene Weise ausgelegt. Sie wollten nicht Mieter werden, schon gar nicht Mieter mit beschränkten Rechten. Sie wollten die Häuser. »Die Häuser gehören den Leuten, die darin wohnen«, proklamierten sie in einem ihrer Flugblätter. Damit man sie ihnen nicht nahm, befestigten sie sie aufs neue. Im Vertrag vorgesehene Begehungen ließen sie nicht zu. Es kam zu entsprechenden Konflikten, insbesondere zu Zusammenstößen mit der Polizei. Zu weiteren Auseinandersetzungen führten provokative Wandsprüche, gegen deren Entfernung sich die Bewohner wehrten.

Bürgermeister von Dohnanyi erklärte die Hafenstraße erneut zur Chefsache und verband mit ihr sein politisches Schicksal.

Die weitere Entwicklung in Schlagzeilen

Frankfurter Allgemeine Zeitung: »Die Hafenstraße bleibt ein Unruheherd.«

Dohnanyi: »Geduld mit dem Patienten Hafenstraße.«

CDU Oppositionsführer Perschau: »Bürgerkriegsähnliche Zustände in der Hafenstraße.«

Die Welt: »Bürgermeister von Dohnanyi hat die Hafenstraße Kriminellen überlassen und als rechtsfreien Raum geduldet.«

Frankfurter Allgemeine Zeitung: »Wohnmodell Hafenstraße gescheitert.«

Hamburger Abendblatt: »Das Maß des Erträglichen ist jetzt erreicht.«

Der neue Bürgermeister Voscherau: »Die Hafenstraße wird aufgelöst.«

Hamburger Abendblatt: »Räumung im Januar oder Februar?«

Flugblatt der Bewohner: »Hafenstraße bleibt – basta.«

Dieses markige Postulat fand sich auch an einigen Hauswänden, aber das Schicksal der Hafenstraße schien besiegelt, dieses Mal endgültig. Der neue Hamburger Regierungschef, Dr. Henning Voscherau, war mit dem Versprechen angetreten, den Schandfleck am Hafenrand zu beseitigen – nicht zuletzt deswegen war er von vielen Bürgern gewählt worden. Er konnte sein Versprechen nicht halten. Und nicht nur das:

Acht Jahre später, am 20. Juni 1996, geschah, was bisher als illusionär und politisch nicht vorstellbar gegolten hatte: Die Häuser wurden an die Genossenschaft »St. Pauli Hafenstraße« verkauft. Die Bewohner halten die meisten Anteile. Sie bekamen also ihre Häuser, und zwar für einen Appel und ein Ei. Der Kaufpreis für diese Filetgrundstücke mit Elbblick betrug gut zwei Millionen Mark und konnte in Raten gezahlt werden. Acht Millionen Mark standen für die Sanierung zur Verfügung.

»Terrornest verhökert«, meldete *die tageszeitung*.

Die CDU statuierte: »Senat ließ sich erpressen«.

Die *Süddeutsche Zeitung* befand: »Privilegien für Gewalttäter«.

»Morgenröte über der Hamburger Hafenstraße« hieß es hingegen in der *Frankfurter Rundschau*.

An der Fassade des Hauses Hafenstraße 116 stand und steht noch in großen, roten Buchstaben: »Wir werden noch tanzen, wenn an Voscherau und Lochte keiner mehr denkt.«

Dr. Voscherau trat 1997 von der politischen Bühne ab und Christian Lochte, der damalige Chef des Landesamtes für Verfassungsschutz, verstarb vor einigen Jahren.

Eine heterogene Gruppe randständiger Leute hat es geschafft, sich anderthalb Jahrzehnte gegen alle Widerstände zu behaupten, und am Ende bekommen, was nach bestehenden Gesetzen, Recht und Ordnung gar nicht zu bekommen war: zwölf Häuser. Von welcher Art sind Leute, die eine solche Geschichte hinter sich haben? Das hätte ich gern gewußt. Und ich wollte erfahren, wie sie dort leben in ihren einstmals umkämpften Häusern, wie sie denken, fühlen und miteinander umgehen.

SCHAUPLÄTZE UND MENSCHEN

Die Häuser

Es handelt sich um zwölf Häuser, die um die Jahrhundertwende gebaut wurden. Sie stehen am Hafenrand auf dem Geestrücken oberhalb der Elbe und hätten eigentlich abgerissen werden sollen; entsprechend sehen sie aus. Außerdem sind sie bunt bemalt.

Von der vierspurigen St. Pauli Hafenstraße trennt sie ein Hang. Er wurde von den Bewohnern mit Büschen, Stauden, Bäumen bepflanzt. Vor den Häusern läuft ein Fußweg entlang, der mit Gehwegplatten belegt ist. Zwischen den Häusern führt die breite Balduintreppe zur Bernhard-Nocht-Straße hoch.

Die VoKü

Die Volksküche, gelegentlich auch Volxküche geschrieben, heißt heute nur noch VoKü. Sie befindet sich im Hause 116 und erstreckt sich über das gesamte Erdgeschoß. Hinter einem Tresen befindet sich die Küche. Sie ist mit ausrangierten Herden und Kühlschränken ausgestattet.

Neues wird selten angeschafft, geht etwas kaputt, wird es repariert, Fachleute dafür gibt es genügend.

Einzelne Sitzgruppen sind im Raum verteilt. Als Mobiliar dienen unterschiedliche Stühle, Tische, Bänke und Barhocker, die allesamt vom Sperrmüll stammen könnten, ferner zwei abgewetzte Sofas, ein Ohrensessel in ähnlichem Zustand und ein ausgedienter Clubsessel. Er ist der Lieblingsplatz des Hundes Blümchen. In der Mitte des Raumes steht ein Ofen aus den fünfziger Jahren, das Ofenrohr führt fünf Meter quer durch den Raum.

Jeden Montag, Mittwoch und Donnerstag wird hier gekocht. Es sei denn, die jeweiligen Köche haben gerade »keinen Bock« auf kochen. Dann bleibt die Küche kalt. Heute ist das nicht mehr der Fall; dazu kommen wir noch.

Das Essen kostet fünf, mit Nachtisch sechs Mark und schmeckt ausgezeichnet. Tut es das nicht, geht niemand hin. Die praktizierte Hygiene entspricht nur bedingt den Vorschriften des Gesundheitsamtes.

Das Café am Teich
Über der Tür hängt eine angerostete Jugendstilampel. Ein hölzerner Bogen mit einer Kette bunter Birnen überspannt den Weg und endet an einer Art Totempfahl. Die Lampen brennen, wenn das Café geöffnet hat und die Birnen nicht gerade kaputt sind.

Drinnen gruppieren sich ein Dutzend höchst vornehme, gepolsterte Kaffeehausstühle um alte, abgenutzte Tische. Die Stühle hat man für fünfzig Mark erstanden. Girlanden mit Papierrosen schlingen sich um einen Pfeiler. Ein zweiter ist mit einem Blattgewächs aus grünem Kreppapier und buntem Flitter dekoriert. Vor den Fenstern hingegen stehen echte Grünpflanzen. Es gibt ein funktionstüchtiges Klavier, und fast immer steht ein frischer Blumenstrauß auf dem Tresen.

Man bekommt hier Kaffee, Säfte, eine Auswahl an Kräutertees und selbstgebackenen Kuchen. So vorhanden, gibt es auch Bier, Wein oder Sekt. Die Preise sind moderat, verdient werden muß nicht.

Der Tresendienst, so heißt das hier, wird mehr oder weniger ehrenamtlich abwechselnd von unterschiedlichen Leuten gemacht.

Der Teich, nach dem das Café seinen Namen hat, liegt gegenüber, von Büschen umgeben, neben einer Feuerstelle.

Es hat viel Mühe und Geduld gekostet, ihn anzulegen und den Rand zu bepflanzen.

Das *Onkel Otto*

Dies ist die Kneipe der Hafenstraße, sie liegt oben an der Bernhard-Nocht-Straße im ehemaligen *Schmals Hotel* direkt an der historischen Balduintreppe. Die Tür macht nicht den Eindruck, als befinde sich dahinter ein Lokal oder überhaupt irgend etwas. Dennoch kommen ins *Onkel Otto* häufiger auch Fremde, meist Leute vom Kiez. Unter der rosa Decke dreht sich leise ächzend ein altertümlicher Ventilator. Eine durchhängende, geflickte elektrische Leitung führt zu einem Kronleuchter aus rotem Plastik. Er hängt über der Theke. Daneben steht eines dieser altmodischen Tischfußballspiele.

Wer hier Tresendienst macht, muß mit schwierigen Typen umgehen können und fertig werden. In der Regel wird man mit ihnen fertig, und meist geht es friedlich zu.

Die »Dorfstraße«

So hat einmal jemand den Plattenweg bezeichnet, der unmittelbar an den Häusern entlang führt. Hier begegnet man sich, sitzt auf den Stufen, die zu den Hauseingängen führen, hockt an der Feuerstelle, sitzt auf der hölzernen Plattform vor der VoKü oder auf den Stufen der Balduintreppe. Hier spielen Kinder und Hunde, werden gelegentlich Feste gefeiert oder Filme vorgeführt.

Zwischen VoKü und Café hängt an Gerüstrohren eine Badewanne. Sie dient bei Festen als Grill.

Neben der Balduintreppe reckt der »Mann aus der Kiste« seine riesigen Arme empor. Die Figur ist ein Werk Leons, er hat sie aus Metallschrott zusammengeschweißt. Sie ist an die fünf Meter hoch und wiegt über eine Tonne. Ein stählernes Schwungrad aus einer alten Maschine stellt den Bauch dar; Arme und Beine sind Eisenträger, die Hände überdimensionale Mistgabeln. Um den Eisenmann ist einmal erbittert gekämpft worden.

Neben dem Haus 116 liegt der Bauwagenplatz, versteckt hinter einer hohen grünen Hecke und abgeschirmt durch mehrere verschiedenartige alte Eisengitter. Die Eingangspforte hängt schief in den Angeln und quietscht beim Öffnen. Ein lebensgroßer Blechkerl steht daneben. Der Kopf war einmal eine Boje, er hat Stielaugen aus langen Schrauben; Arme und Beine sind Stahlfedern, die Hände Maurerkellen, und das Ganze ist leuchtend bunt bemalt.

Haus 116

Ein Kenner der Szene hat einmal gemeint, hier lebe die großartigste Kommune Europas. Andere urteilen weniger enthusiastisch: Sie sprechen vom »Haus der gescheiterten Existenzen«.

Ohne Frage haben die Hundertsechzehner gründlicher mit der bürgerlichen Lebensform gebrochen als die Bewohner der anderen Häuser. Konsequent vermeiden sie es, sich einengen, binden oder verpflichten zu lassen. Aus dieser Haltung heraus haben sie den Vertrag des Senats mit der Hafenstraße abgelehnt, nach einer eingehenden Diskussion bei einem eigens zu diesem Thema angesetzten Hausplenum. Sie wollten keine abhängigen Mieter werden und zahlten folglich auch keine Miete.

Die mit Stahlblech verkleidete Eingangstür wird stets geschlossen gehalten; innerhalb des Hauses hat keine Tür ein Schloß. Es gibt für alle eine Küche, die gleichzeitig Gemeinschaftsraum ist. In Hinblick auf Einrichtung und Ausstattung sucht sie ihresgleichen.

Auf jeder Etage befindet sich eine winzige Toilette, im dritten Stock ein großes Badezimmer mit Badewanne, einer extra Dusche, die allerdings nicht funktioniert, und einer Waschmaschine.

Zum Schlafen begnügen sich die meisten Bewohner mit einer Matratze auf dem Fußboden oder auf einem Podest. Möbel sind selten, dafür gibt es etliche Musikanlagen. Für Kleidung dienen ein paar Nägel in der Wand oder sie wird einfach auf den Boden gelegt. Gardinen und Tapeten sind so gut wie nicht vorhanden, aber es kleben etliche Poster an den Wänden. Legt man nicht den Maßstab von *Schöner Wohnen* an, gibt es trotz der Kärglichkeit etliche gemütliche

»Buden«, manche mit einem Touch von Wigwam oder Nomadenzelt.

Das *Ahoi*

So hieß die Musikkneipe unten an der Balduintreppe. Von den Gemeinschaftseinrichtungen der Hafenstraße wich das *Ahoi* am wenigsten vom Üblichen ab. Auf den Holztischen brannten Kerzen.

Hierher kam, wer immer Lust auf Musik hatte. Spezialisten, und davon gibt es etliche hier, legten auf und brachten die verschiedensten Richtungen zu Gehör, von Rock'n'Roll bis Techno. Häufig fanden hier auch Veranstaltungen statt.

Heute ist das *Ahoi* Baustelle, es stehen nur noch die Mauern.

Die Menschen

Es leben »im Hafen«, wie es hier heißt, an die 120 Menschen aus unterschiedlichen sozialen Schichten, mehr Männer als Frauen und etwa zwanzig Kinder. Sie verteilen sich auf acht Häuser, die mit ihren bunt bemalten Fassaden und herausfordernden Wandsprüchen das Elbufer an dieser Stelle prägen. Das Durchschnittsalter der Bewohner liegt inzwischen bei über dreißig Jahren. Sie erstreben hier in unterschiedlichen Wohnformen ein unabhängiges, selbstbestimmtes Leben. Dafür verzichten sie weitgehend auf Komfort und Konsum, was aber eher als Tugend denn als Mangel empfunden wird.

Sie haben keine Führung, kennen keine hierarchischen Strukturen. Ihre Probleme besprechen sie im sogenannten Plenum. Mehrheitsentscheidungen gibt es dort nicht; es wird so lange debattiert, bis sich eine Lösung findet. Häufig findet sich keine. Der Pastor von nebenan sprach von einer Palaverdemokratie.

Olaf

Er ist blond, groß und kräftig, was aber kaum zur Geltung kommt. Im Winter pflegt er eine tief in die Stirn gezogene Pudelmütze aufzuhaben, im Sommer trägt er mit Vorliebe eine Art Piratenkopftuch. Und seine Hosen haben die Tendenz, auf halber Höhe zu hängen, kurze wie lange. Seine Freundin Biggi stört sich nicht daran, wohl aber an seinen Ecken und Kanten. Die jedoch hat Biggi auch, und darum fliegen bei den beiden zeitweilig die Fetzen. Für sie und manche andere Paare im Hafen ist eine Inschrift der Fassade von Haus 126 bezeichnend: »Love is a battlefield«.

Olaf ist selten redselig, und wenn er spricht, spricht er leise, sagt seine Meinungen aber gelegentlich sehr deutlich. Fährt er einmal aus der Haut, tut er es gründlich. Er teilt nur bedingt die gängige Schlamperei und bemüht sich um Korrektheit. Wenn er gekocht hat, worauf er sich sehr gut versteht, hinterläßt er kein Chaos. Er ist gegen Gewalt. Reizt man ihn aber über ein bestimmtes Maß hinaus, kann er gefährlich ausrasten.

Leon

Er lief mit sechzehn Jahren von Zuhause fort, einfach nur, weil er frei sein wollte. Er malt Bilder, die meisten im Großformat, schweißt aus Schrott Plastiken zusammen wie den »Mann aus der Kiste«, entwirft Kleider, gestaltet Transparente, zuletzt das zum 10-jährigen Bestehen der Hafenstraße. Es verdeckte drei Tage lang die Fassade des vierstöckigen Hauses 116 und war ein beliebtes Fotoobjekt der Journalisten.

Leon hat dies und das gearbeitet, war einmal auch selbständig, aber ein wie auch immer geregeltes Leben sei nicht seine Sache, sagt er. Er kocht vorzüglich, hat aber Probleme mit dem Aufräumen hinterher – besser gesagt, die anderen haben sie.

Leon ist homosexuell – schwul, wie es hier heißt. Das Auf und Ab seiner Beziehungen nimmt ihn immer wieder gewaltig mit. Im Zustand tiefen Liebeskummers hat er einmal in schwarz quer über die Wand seines Zimmers geschrieben: »Liebe ist kälter als der Tod«.

Als aufgeputschte und alkoholisierte Hooligans die Hafenstraße aufmischen wollten, hat er den Pinsel mit einem Baseballschläger vertauscht und ihnen damit nachhaltig auf die Köpfe geschlagen.

»Der Hafen« ist für ihn ein Ort der Freiheit und Unabhängigkeit.

Verena

Sie war von Anfang an dabei und hat für das Gemeinschaftsleben eine wichtige Rolle gespielt. Achtung und Respekt vor dem Gegenüber ist bei ihr eine Art Glaubensbekenntnis. Sie setzt sich selbst für das schwärzeste Schaf noch unerbittlich ein. Sie habe so eine Art Mutter-Teresa-Komplex, ist von ihr einmal gesagt worden.

In der Presse galt sie als RAF-Frau, und man hat Bürgermeister von Dohnanyi die schwersten Vorwürfe gemacht, weil er einmal mit ihr verhandelt hat.

Als die Polizei den »Mann aus der Kiste« beseitigen wollte, hockte sie ganz oben auf der Plastik. Mit Hilfe eines Kranwagens der Feuerwehr versuchte man, sie von Leons Werk herunterzuziehen. Vergeblich. Der Mann in der Kiste blieb, und auf der Kiste, in der eines seiner stählernen Beine steckt, ist seine Botschaft zu lesen: »Kein Leben in der Kiste«.

Verenas Vater ist ein angesehener Bürger der Stadt und hat die Hafenstraße wirkungsvoll unterstützt.

Jill

Sie sieht aus wie eine junge Frau. Aber einmal sah ich eine kleine Dreijährige auf sie zustürmen, und die nannte Jill Oma. Sie ist fraglos die schönste Großmutter im Hafen.

Als Sozialarbeiterin betreut sie schwierige Jugendliche von St. Pauli. Sie nahm Urlaub, um sich an der Besetzung des Hafenkrankenhauses zu beteiligen. Seit Beginn der Sanierung der Hafenstraßenhäuser arbeitet sie nur noch zwei Tage in der Woche für die Sozialbehörde. Die restlichen Tage gehören dem Hafen, da werkt sie mit den Klempnern, ersetzt marode Leitungen, baut Heizungen ein. Das ist kein leichter Job. Als sie einmal abgekämpft und schmutzig in der VoKü saß, meinte sie, sie sei erschöpft von der Arbeit und vom Gemeinschaftsleben.

Nach einer herben Enttäuschung wollte sie von den Männern nichts mehr wissen – es kam indes anders, was zu einem prächtigen Polterabend in der VoKü führte; und am nächsten Tag heiratete sie ihren Klempnerkollegen Björn.

Julia

Julia ist sehr unterschiedlich – in ihrem Verhalten wie in ihrer Kleidung. Mal trägt sie Jeans und Anorak wie alle anderen hier, mal Designerklamotten. Mal ist sie fröhlich und aufgeschlossen, mal unleidlich und aggressiv, oder sie sitzt teilnahmslos in einer Ecke. Oft streitet sie sich bis aufs Messer mit ihrem Freund Joost, kurz darauf ist sie zärtlich mit ihm.

Sie habe zwei Seelen, die miteinander stritten, sagt sie, darunter leide sie, und das mache sie schwierig. Sie wisse, daß sie anderen oft auf den Geist gehe.

Ihr Hauptproblem ist jedoch Kokain. Sie kommt von dem Zeug einfach nicht los. Am Ende wird sie zu einer derartigen Belastung für ihre Mitbewohner im Haus 116, daß es zu einer dramatischen Auseinandersetzung über ihren Verbleib im Hafen kommt.

Josef

Er spricht leise, hat einen sanften Händedruck und ein sanftes Wesen. Kinder mögen ihn, besuchen ihn oft in seinem Wohnwagen. Der hängt voll von Bildern, die sie für ihn gemalt haben. Er hat Zeit für sie und Geduld mit ihnen.

Josef, 41, wurde als Drucker arbeitslos, verfiel harten Drogen, machte einen sogenannten wilden Entzug auf dem Dachboden des Hauses 110. Er ist nun seit sechs Jahren clean. Er möchte nirgendwo anders leben.

Josef malt, spielt Gitarre, gelegentlich auch in einer Band. Kürzlich gab es eine Ausstellung seiner Bilder. Jetzt arbeitet er bei der Sanierung, legt Fliesen, und ist glücklich, nicht mehr auf Sozialhilfe angewiesen zu sein. Nur um die Kinder täte es ihm leid, für die habe er keine Zeit mehr, seitdem er arbeite, aber sie kämen manchmal am Wochenende.

Von seinem ersten Lohn kaufte er sich einen Drum-Computer.

Rüdiger

Als ich ihn zuerst sah, habe ich ihn für eine Art Landstreicher gehalten – bis er den Mund aufgemacht hat. Er ist von Haus aus Diplomingenieur, 1,90 m groß, hager, stemmt aber spielend Eisenträger. Er verfügt über einen lakonischen Witz und einen scharfen Verstand; mit Plattitüden darf man ihm nicht kommen.

Er war Alkoholiker, machte wie Josef den Entzug hier und ist seit Jahren trocken. Wenn er einmal Bier trinkt, verlangt er »White Label«, nämlich alkoholfreies.

Im Café hörte ich ihn einmal Klavier spielen – Chopin. Seit einiger Zeit lebt er praktisch nur noch für die Sanierung der Häuser. Er ist offizieller Bauleiter.

Lutz

Auch er geht auf in der Sanierung, arbeitet dabei eng mit Rüdiger zusammen. Beide kennen keinen Achtstundentag. Als ich Lutz zuletzt beim Essen in der VoKü sah, schlief er aus Übermüdung zwischen Hauptgang und Nachtisch ein.

Er hat ein markantes Profil, eine leise, gepflegte Sprache und stammt aus gutem Hause; sein Nachname beginnt mit einem »von«. Er besuchte das Gymnasium, wiederholte dreimal die elfte Klasse. An ihm sei selbst die Schülervertretung gescheitert, sagt er. Es gibt jedoch kaum ein Gebiet, auf dem er sich nicht auskennt. Er hat als Grafik-Designer und als Schiffsingenieur gearbeitet, zuletzt war er gut bezahlter Programmierer. Ein Fachbuch von tausend Seiten bewältigt er in drei Tagen. Er mag keine Vorgesetzten, denn er möchte von niemandem abhängig sein. Nicht zuletzt deshalb lebt er hier.

Gegenwärtig verlegt er Leitungen und Rohre, sitzt abends über den Bauplänen oder diskutiert im Bauplenum über die weiteren Maßnahmen. Er vermisse nichts hier im Hafen, sagt er.

Rudi

Er hat schwarzes Haar, und mit Sieben-Tage-Bart sieht er weder vertrauenswürdig noch intelligent aus. Er spricht fließend englisch, besitzt umfangreiche Kenntnisse der Sozialgeschichte und kennt sich in Marx' *Kapital* aus. Er kann sehr heftig werden, zeigt sich manchmal aber auch überraschend sanft. Jeden Tag läuft er mehrere Kilometer an der Elbe entlang.

Er ist radikaler Kommunist – wie schon sein Vater einer gewesen ist. Nach seiner Überzeugung ist ihm die Gesellschaft den Lebensunterhalt schuldig. Zeitweilig handelte er entsprechend und bestritt denselben durch Ladendiebstähle. Gelegentlich spielt er Platten mit alten Kampfliedern der KPD, womit er sich indes nicht sonderlich beliebt macht.

Er kritisiert an der Hafenstraße das verschwundene politische Engagement und wirbt für mehr Aktivität, mehr Provokation, kommt aber auch damit nicht so recht an.

Holger

Er spricht leise, wählt seine Worte bedächtig und legt gelegentlich Denkpausen ein, wobei seine auffallend blauen Augen abwesend in die Ferne schauen. Er hat Literaturwissenschaft studiert, war eine Zeitlang Beamter und gehört zu den allerersten Bewohnern. Er engagiert sich im Kinderladen der Hafenstraße, und jeden Donnerstag machte er Tresendienst im Café. Das ist jetzt eine Baustelle, und Holger ist an der Sanierung beteiligt. Als Hilfsarbeiter, wie er sagt. Ganz gleich, was er im Hafen tut, er möchte nirgends anders leben. Die Leute hier definiert er als »infinites Kollektiv«.

Er ist im Vorstand des Vereins Hafenstraße. Einige Zeit war er im Kirchenvorstand der benachbarten St.-Pauli-Kirche. Ähnlich wie Rudi findet er eine Gesellschaft nicht in Ordnung, in der nicht die Grundbedürfnisse für jedermann gesichert sind. Aber Holger würde nicht einmal eine Stecknadel mitgehen lassen.

Hatto

Er besitzt eine markante vorspringende, gebogene Nase, blaue Augen wie Hans Albers, hat kurz geschorene blonde Haare, breite Schultern und künstlerisch anspruchsvolle Tätowierungen, die Brust und Rücken bedecken.

Hatto ist Offizierssohn. Die Familie hätte es gern gesehen, wenn er zur Bundeswehr gegangen wäre. Unmöglich für ihn in den siebziger Jahren. Er lernte Buchhändler, brach die Lehre ab, und stand dann vor der Alternative: Fremdenlegion oder Hafenstraße. Er hat seine Wahl nicht bereut.

Seit zehn Jahren ist er Mitglied in einem Kampfsportverein, inzwischen selber Trainer. Sein Motto: Auf eine Gefahr zugehen und nicht vor ihr zurückweichen. Er versteht sich darauf. Gelegentlich arbeitet er als Türsteher und Barmann auf St. Pauli.

Ronnie

Er ist engagierter Vater von zwei Töchtern, drei und fünf Jahre alt, und Besitzer des Bullterriermischlings Blümchen, 40 Kilo geballte Kraft, wie er sagt. Die beiden Mädchen können mit dem Hund machen, was sie wollen, und das tun sie auch. Der arme Kerl führe ein wahres Hundeleben, meint Ronnie. Man merkt es Blümchen nicht an, und wehe, jemand kommt den Kindern zu nahe!

Ronnie war in Brokdorf und in Wackersdorf dabei und bei der Startbahn West. Er tritt für die Freigabe von Haschisch ein. Es öffne den Geist, fördere die Kommunikation, bringe die Leute einander näher, so seine Meinung, und er fördert die Verbreitung. Beide Aktivitäten brachten ihn immer wieder mit den einschlägigen Gesetzen in Konflikt. An die dreißig Verfahren wurden gegen ihn eingeleitet, es kam zu zwei Verurteilungen, dreimal bekam er Bewährung. Raucht er in der Wohnung, und die Kinder sind da, öffnet er ein Fenster und stellt den Ventilator an.

Die Familie wohnt in einer abgeschlossenen Wohnung, aber Ronnie ist auch im Haus 116 zu Hause oder in der VoKü, wo er häufig kocht.

ERSTER KONTAKT

Es dürfte leichter sein, aus »Santa Fu«, dem Hamburgischen Gefängnis, heraus-, als in das Innere der Häuser der Hafenstraße hineinzukommen – jedenfalls für jemanden wie mich. Und käme ich hinein, was wäre dadurch erreicht? Ich will schließlich Informationen, und die Leute dort lassen sich nicht von Fremden ausfragen. Hier lebt eine geschlossene Gesellschaft, Fremde sind unerwünscht, denn es sind meistens Neugierige. NO STOPPING OR STANDING ist auf einem Schild in roter Schrift zu lesen. Drastischer sagt es eine Inschrift, die unübersehbar auf eine Fassade gemalt ist: »Haut ab. Geht doch kacken«. Das schreckt ab. Menschliche Neugier pflegte sich indes schon immer über Barrieren hinwegzusetzen. Also umkreise ich auf der Suche nach Kontakten die Häuser, und zwar bei eisiger Kälte und beißendem Ostwind. Bei dem Wetter wirken sie noch abweisender als sonst.

In einem Hauseingang entdecke ich tatsächlich Türklingeln. Sie befinden sich auf einem kleinen Paneel, das ein wenig aus der Wand heraushängt. Namen stehen nicht neben den Knöpfen und ich habe Zweifel, ob sie noch ihren Zweck erfüllen. Ich drücke auf einen, und nach einer Weile öffnet sich die Tür, jedoch nur einen Spalt breit. »Ja?« fragt eine Frau. Ich stelle mich vor, nenne ihr mein Anliegen, erkläre, daß ich Schriftsteller sei und bisher über Märchen geschrieben hätte. »So, so, über Märchen«, sagt sie. Nach einer Pause fügt sie hinzu, in gewisser Weise sei auch die Hafenstraße ein Märchen. Danach schließt sie die Tür.

Nachdem ich mich von dieser Abfuhr ein wenig erholt habe, nähere ich mich einem Mann, der mit einem Fahrrad aus einer Haustür kommt. »Ich möchte nicht mit Ihnen reden«, sagt er, steigt auf und fährt davon. Ich bin frustriert, möchte umkehren, zurück in Wärme und Behaglichkeit meines Zuhauses.

Dann öffnet sich eine Tür, dahinter sind Stimmen zu hören. Ich gebe mir einen Ruck und betrete das Haus.

Im Flur sehe ich mich einer jungen Frau gegenüber; sie mustert mich kritisch und fragt, ob ich jemanden suche. Sie trägt eine übergroße dicke Jeansjacke und hat kurzes Strubbelhaar.

»Niemand Bestimmten«, antworte ich, mir sei jeder recht, und ich erzähle ihr meine Geschichte: Schriftsteller, an der Hafenstraße interessiert, möchte ein Buch über die Menschen hier schreiben. Sie schaut skeptisch. Ein blonder Mann mit bemerkenswertem Profil kommt aus der Wohnungstür, bleibt stehen, füllt den Türrahmen aus. Dabei ist er gar nicht besonders groß, aber muskulös, und er strahlt spürbar Kraft aus. Sie berichtet ihm. Mit eindringlichen blauen Augen blickt er mich forschend an. »Warum ausgerechnet über die Hafenstraße?« will er wissen. Ich erkläre es ihm. Er schaut die Frau an, sie zuckt mit den Schultern. »Na, gut«, sagt er, »komm rein.«

Der Raum wird von einem roten Sandsack beherrscht, der an einer eisernen Kette von der Decke hängt, und von einer Uhr an der Wand mit den Ausmaßen einer Bahnhofsuhr. In einem modernen Kaminofen brennt ein Feuer, es ist dennoch nicht warm. Er sei Hatto, sagt der Mann und, auf die Frau weisend: »Das ist Katharina.« Er lehnt sich an einen ausgedienten Barhocker, der mit rotem, schon brüchigem Plastik überzogen ist. Sie setzt sich auf einen Stuhl.

Ich stelle mich ebenfalls mit meinem Vornamen vor. Hier duzt man sich, oftmals kennt man nicht einmal die Nachnamen. Jemand sprach einmal von einer Vornamengesellschaft. Hatto weist auf eine Sitzgelegenheit an der Wand. In einer normalen Wohnung wäre es das Sofa. Hier ist es ein ausgebauter Dreiersitz aus einem Flugzeug. Ich nehme Platz. Neben mir steht ein Terrarium mit einer Schlange, gut einen Meter lang. »Eine junge Python«, erklärt Hatto. Er habe sie von seinem Vorgänger übernommen, »konnte das arme Vieh doch nicht verhungern lassen«. Aus dem dunklen Hintergrund des Raumes trotten zwei riesige Hunde auf mich zu; tapfer streichele ich sie und lasse sie meine Hand lecken.

Ich komme gleich zur Sache: »Ihr habt sechzehn Jahre wider alle Erwartungen überlebt; ein Bürgermeister mußte euretwegen zurücktreten, sein Nachfolger geriet durch euch in politische Bedrängnis. Und am Ende ist von allen Prognosen über die Hafenstraße die unwahrscheinlichste wahr geworden: Euch gehören heute praktisch die Häuser. Da frage ich mich nun, wie, zum Teufel, habt ihr das fertig gebracht?«

Sie überlegen. Schließlich meint Hatto, fertig gebracht hätten sie das eigentlich gar nicht.

»Nein?«

Na ja, es sei eben so passiert.

»Ein Wunder also?«

»Eher ein Zufall.«

Ob sie denn an Zufälle geglaubt hätten, zumal an einen wie diesen?

Sie schauen sich an. »Wäre wohl ein bißchen viel verlangt gewesen«, gibt Hatto zu.

»Dann«, sage ich, »müßt ihr ungemein clevere Strategen und gewiefte Taktiker gewesen sein.«

Sie schütteln den Kopf. Das sei bei ihnen nicht drin. »Wir sind schließlich Chaoten«, sagt Hatto und grinst.

»Habt ihr 1987 nicht dem Senat erklärt, wenn sie die Hafenstraße stürmten, könne es Tote geben, und hat nicht diese Drohung letztlich den Angriff auf die Häuser verhindert?«

Niemand von ihnen hätte je dergleichen gesagt oder auch nur vorgeschlagen, stellt Hatto fest, und Katharina konstatiert: »So denken wir nicht« und schaut mich mißbilligend an.

Immerhin hat auf einem ihrer Transparente »Bei Räumung Krieg« gestanden.

Ich solle um Himmels Willen nicht alles wörtlich nehmen, was sie auf Bettlaken oder an die Fassaden geschrieben hätten.

»Aber aus reiner Menschenfreundlichkeit hat man euch die Häuser doch wohl kaum überlassen, oder?«

Sie hätten schließlich um sie gekämpft und Tag für Tag die Bullen ertragen, wie sie Türen und Fenster eingeschlagen und ihre Sachen aus dem Fenster geschmissen hätten. »Und«, meint Katharina, »wir haben ganz einfach an unser Überleben geglaubt.«

Das haben sie in der Tat: Als die Räumung beschlossene

Sache war und fast jeder vermutet hatte, daß es auch dazu kommen würde, haben sie die größte Reparatur in ihrer bisherigen Geschichte ausgeführt: ein ganzes Dach neu gedeckt.

»Hafenstraße forever«, zitiere ich einen ihrer Wandsprüche.

Es handele sich vermutlich um ein mentales Phänomen, meint Hatto und tippt sich dabei an die Schläfe.

»Nun gut, aber um was für eines?«

Er zuckt die Schultern. »Vielleicht haben wir einfach nur Glück gehabt.«

Katharina hat nichts mehr gesagt, ist aber sichtlich unruhig geworden. Jetzt steht sie abrupt auf, stellt sich hinter ihren Stuhl, und erklärt unumwunden, sie fühle sich ausgebeutet. Mich siezend fährt sie fort: »Wir beantworten Ihnen hier eine Menge Fragen, die Sie hinterher in Ihrem Buch verwerten, und dann verdienen Sie damit eine Menge Geld. Was aber haben wir davon?« will sie wissen und sieht mir fest in die Augen.

Es ist, als sei die Temperatur im Raum plötzlich gesunken.

Mir war klar, daß es nicht einfach werden würde, aber nun muß ich doch schlucken. Dessen ungeachtet erwidere ich standhaft ihren Blick, und gebe ihr Recht. »Es ist wahr«, sage ich, sie hätten nichts davon. Es sei denn, sie würden etwas darum geben, einmal nicht lediglich als Chaoten, Kriminelle und Gewalttäter dazustehen. Dann erkläre ich ihnen, daß ich keines meiner Bücher des Geldes wegen geschrieben hätte, was sich auch kaum rentieren würde, da ich mindestens zwei Jahre für ein Buch brauche. Und ich rechne ihnen meinen mehr als bescheidenen Stundenlohn vor.

Katharina schaut mich noch einen Augenblick an, dann setzt sie sich wieder hin, ihre Miene indes bleibt verschlossen. Hatto sagt, er mache erst einmal Tee.

Der Tee tut gut, und an dem Becher wärme ich mir die Hände.

Katharina will wissen, wer sich überhaupt für sie interessieren, gar ein Buch über sie lesen würde?

»Keine Ahnung«, sage ich, aber sie seien schließlich so etwas wie ein Modell.

Hatto erhebt dagegen Einspruch. Dazu seien sie viel zu unvollkommen.

Immerhin hätten sie sechzehn Jahre ohne Hierarchie und Regeln überlebt, was bisher kaum eine andere Gemeinschaft fertiggebracht hat, halte ich dagegen.

Ich solle mir ja nicht einbilden, daß hier Friede, Freude, Eierkuchen herrsche.

Das bildete ich mir durchaus nicht ein, allein darum, weil es ungetrübte Harmonie unter den Menschen nirgends gäbe. Aber immerhin lebten sie hier anders.

»Anders als wer?« verlangt Hatto zu wissen.

»Anders als die Menschen in der Welt da draußen, vor der ihr euch vermutlich nicht von ungefähr zurückgezogen habt und gegen die ihr immer wieder ankämpft.«

Damit treffe ich bei ihm einen Nerv. Er läßt kein gutes Haar an dieser Welt. Sie ist für ihn eine Welt der Kälte und Ausbeutung, in der die Menschen von Gewinnstreben und der Jagd nach Statussymbolen angetrieben würden, schöne Mädchen um der Karriere willen ihre Beine breit machten, Kinder mißbraucht werden, und der Eigennutz triumphiere. Und das Fatale sei, stecke man einmal darin, könne man gar nicht anders, als ein solches Leben zu akzeptieren und dabei mitzumachen, was unweigerlich dazu führe, die täglichen Schrecken normal zu finden.

Er trinkt einen Schluck Tee und fährt dann fort: Eingezwängt in eine Unzahl von Abhängigkeiten, sei man gezwungen, sich ständig zu verleugnen. Man müsse seine Ellbogen gebrauchen, lügen und betrügen, andererseits aber kriechen und heucheln, ob man es nun wolle oder nicht. Man habe nicht mehr die Wahl. Was das für ein Leben sei?

Er sieht mich an, als wäre ich für seine böse Welt verantwortlich, dann fährt er fort: »Und die Leute merken noch nicht einmal, wie mies das alles ist. Sie können einem nur leid tun. Die Bullen, die dieses System verteidigen müssen, oder diese unsäglichen Baulöwen, die St. Pauli zubetonieren wollen. Sollen sie doch an ihren Unzulänglichkeiten verrecken.«

Trotz seines Engagements hat er kaum seine Stimme gehoben. Vielleicht ist gerade dadurch die hinter seinen Worten steckende Aggressivität so greifbar; ich jedenfalls spüre sie körperlich. Ich frage ihn, ob er die Welt verbessern wolle.

Er zögert, verneint dann aber. Anfangs habe er geglaubt, es zu können, setzt er hinzu. Und dafür auch ein bißchen was getan: Demos, Wackersdorf, Steine in die Schaufenster einer Bank, sich mit den Bullen herumgeschlagen. Aber man komme ganz einfach nicht an gegen die Misere.

Immerhin, sage ich, lebe er hier unter Umständen, die vieles ausschließen, was sich draußen an Negativem abspiele, also in einer vergleichsweise besseren Welt.

Er wiegelt ab. Sie lebten hier nicht auf einer Insel, seien zwangsweise Teil der Gesellschaft und der bestehenden Verhältnisse.

»Gewiß, aber doch wohl kaum ein Abbild dieser Gesellschaft, oder?«

Eher unwillig gesteht er zu, daß man hier im Hafen zumindest aus der Isolation ein wenig heraus sei, in der die sogenannten modernen Menschen leben. Egal ob in Sozialwohnungen oder in den Villen am Elbufer, fügt er hinzu. Keiner schere sich um den anderen, wisse kaum etwas von ihm, nicht einmal vom Nachbarn. Der könne krepieren, und es falle niemandem auf.

Ein wenig später versuchen wir, den Begriff »autonom« zu definieren. Die APO beispielsweise, mit ihren Idolen und Glaubensbekenntnissen, sei alles andere als autonom gewesen, behauptet Hatto. »Man skandierte Ho Ho Ho Chi Minh, und hängte sich ein Che-Guevara-Poster an die Wand. Da, wo früher ein Hitlerbild gehangen hatte und zuvor ein Bild des Kaisers. Sie glaubten an ihre Idole, die einen wie die anderen. Sie sind austauschbar wie ihre Machwerke. Bei den Nazis hatte man auf *Mein Kampf* geschworen, bei den Achtundsechzigern auf die Mao-Bibel. Andere laufen einem Guru hinterher. Autonom sind sie allesamt nicht.« Allerdings, meint er, sei es leichter und einfacher, in der Hängematte eines gemeinsamen Glaubens oder einer gemeinsamen Überzeugung auf eigenes Denken zu verzichten.

»Und wie ist es hier?« möchte ich wissen.

Es gebe hier viele Leute und viele Meinungen, aber keine Standardmeinungen, denen man sich unterordne. Man sei konfliktbereit, schreie sich auch manchmal an, es koste aber nicht die Freundschaft.

Ich hätte hier ein Stalinbild gesehen.

»Klar«, sagt Hatto, »und in der VoKü hängt der gute, alte Che Guevara an der Klotür. Aber man identifiziert sich nicht mit ihnen, schon gar nicht schaut man zu ihnen auf, das ist der Unterschied. Von Ausnahmen abgesehen«, fügt er hinzu.

Zwei Schwarze gehen am Fenster vorbei, Dealer. Hatto mag sie nicht, weil sie auch mit harten Drogen handeln. Beim Hineingehen hatte ich an der Tür einen Sticker entdeckt: No drugs. »Drogen«, sagt Hatto, »spalten Seele und Geist.« Statt sich selbst zu finden, entfremde man sich. Nicht nur durch Heroin und Kokain, auch von dem Zeugs, das die Kids in den Diskos schlucken, es veneble ihnen nur das Gehirn. Aber was wolle man machen, es sei so gewollt, meint er. Man sehe untätig zu, und niemand jage die Dealer zum Teufel.

Ich frage, ob sie nicht auch hier ein Drogenproblem hätten?

Das hätten sie, genauer, das hätten sie gehabt, aber nun seien sie clean im Hafen.

»Ihr habt also die Junkies rausgeschmissen«, sage ich und errege damit abermals Katharinas Mißfallen, aber dieses Mal bricht sie nicht den Kontakt zu mir ab.

Sie hätten sie nicht rausgeschmissen, oder nur in Ausnahmefällen, antwortet sie. Mit etlichen seien sie aufs Land gefahren zum Entzug. Danach seien die meisten von allein ausgezogen, um ihren Dealern zu entgehen und überhaupt der Versuchung hier auf St. Pauli.

Wie es denn mit Haschisch sei, frage ich, das sei schließlich auch eine Droge.

»Ja, ja«, sagt Hatto unwillig, natürlich sei das eine Droge – genauso wie Alkohol und Nikotin Drogen seien, legale Drogen, an denen der Staat sich eine goldene Nase verdiene. Weit mehr jedoch müsse er später für die Opfer bezahlen. Von dem allenthalben verteufelten Cannabis bekäme niemand Lungenkrebs, und es mache nicht abhängig wie Alkohol. Und dann läßt er sich eingehend über die Hintergründe der Drogenpolitik aus.

Katharina wechselt das Thema. Ob ich Kinder hätte?

»Ja, einen Sohn.«

Was der denn mache?

Ich zögere nicht, die Frage zu beantworten, denn eines ist mir jetzt schon klar: Wenn ich hier bestehen will, kann ich es mir nicht leisten, ihnen etwas vorzumachen.

Jurist sei er, sage ich, und seit einiger Zeit im Management bei Daimler Benz.

Da führe er sicher einen tollen Wagen, meint Hatto.

Ja, das täte er.

Die beiden nicken.

»So etwas kannst du denen doch nicht erzählen«, hat ein guter Bekannter gemeint, was ich wiederum Hatto erzähle. Er schüttelt ob einer solchen Enge der Auffassung den Kopf. Ich könne meinen Sohn jederzeit zu ihnen mitbringen, und dann werde man ja sehen, was er für einer sei. Mit seinem Job habe das wahrhaftig nichts zu tun.

Hatto ist nach hinten gegangen und kommt mit einem Buch zurück. Er habe es in einer Nacht durchgelesen, und es würde vielleicht auch mich interessieren. Er reicht es mir.

Ich bedanke mich und stehe auf. Fast zwei Stunden haben wir zusammengesessen. Nun könne ich nicht mehr, sage ich, müsse erst einmal alles verdauen, und das ist die Wahrheit.

Sie müßten mich auch erst einmal verdauen, meint Hatto.

Der Abschied ist freundlich.

Ich gehe die Landungsbrücken hinunter, weit zufriedener als auf dem Hinweg; der kalte Wind macht mir nichts mehr aus. Aber ich bin geschafft. Es war ein ungemein intensives Gespräch, und wir haben einander nicht geschont. Das war anstrengend, aber alles andere als langweilig. Ich bin wirklich erleichtert, ist es mir doch gelungen, in eines der Häuser hineinzukommen und die ersten Kontakte zu knüpfen. Die Rückgabe des Buches, denke ich, wird mir Gelegenheit geben, den Faden wieder aufzunehmen; und ich würde ihnen eines meiner Bücher mitbringen.

Aber so einfach ist es dann doch nicht gelaufen.

NACHBARN ÜBER DIE HAFENSTRASSE

Generell galten damals die Bewohner der Hafenstraße als Chaoten, Terroristen, Kriminelle, die Gesetze und Regeln mißachteten und von denen immer wieder Gewalt ausging. Die Mehrheit der Medien und Politiker forderten, das »Terrornest« müsse weg, die »Gewaltmeile« am Hafen beseitigt werden und dementsprechend war die Stimmung in der Bevölkerung.

Hatto und Katharina hingegen hatten erklärt, im Stadtteil St. Pauli, und besonders in der Nachbarschaft, sei die Meinung über die Hafenstraße eine ganz andere. Dem ging ich nach, hörte mich im Viertel um und erhielt bereitwillig Antworten auf meine Fragen.

Eine Kioskbesitzerin von gegenüber

Sie ist eine gewichtige Frau mittleren Alters und geborene St.-Paulianerin, wie sie nicht ohne Stolz versichert. »Hafenstraße?« fragt sie. Wenn die mal mit Tomaten schmissen, rücke gleich 'ne Hundertschaft an. »Nee«, sie hätte nichts gegen die Leute, sie seien höflich, sagten nett Guten Tag. Eine wahre Pest hingegen seien die Ausländer, besonders diese Typen vom Balkan, immer gleich mit dem Messer... und dann legt sie gegen die los und hört damit erst auf, als ein Kunde eine Currywurst verlangt.

Drei Altenpflegerinnen

Das Büro ist in der Balduinstraße, die Damen sitzen gerade beim Kaffee.

»Ja«, sagen sie, die Leute von der Hafenstraße kennen sie. Die sehen ein bißchen anders aus, rauchten auch mal einen Joint und lebten auf ihre Weise. Man sollte sie in Ruhe lassen, dann seien sie auch friedlich, sind sie einhellig der Meinung. Wenn ich näheres wissen wollte, solle ich mal Josef besuchen, der sei nett. Er wohne im Bauwagen neben Haus 116, gleich im ersten.

Glasermeister Junke

Hier im Quartier, sagt er, machten sie keine Probleme. Bei ihm holten sie sich das Glas und setzten dann die Scheiben selber ein. Frech oder unverschämt sei ihm keiner gekommen; er könne sich nicht beklagen. In einem der Häuser sei er nie gewesen, die machten alles selbst.

Ofensetzermeister Holst

Eine Zeitlang seien einige nur auf Randale ausgewesen, meint er, aber derartiges gäbe es nicht nur hier. Die Skinheads und die Hooligans seien allemal schlimmer, befindet er, und die kämen nicht aus dem Viertel.

Die Leute aus der Hafenstraße sollen auch harmlose Passanten angegriffen haben, gebe ich zu bedenken.

»Na ja«, sagt er, wenn aus Reisebussen, die extra vor ihren Häusern hielten, Touristen ausschwärmten, um ›Chaoten zu gucken‹ und den Leuten neugierig in die Fenster schauten – dann sei ihnen schon mal etwas auf die Köpfe gefallen. Das könne er verstehen, die Bewohner seien schließlich keine Affen, die man begaffe.

Er komme jedenfalls gut aus mit den Hafensträßlern, habe auch so einiges bei ihnen gemacht, beispielsweise einen Kachelofen gesetzt. Habe ihnen auch gern einmal ausgeholfen, beispielsweise mit alten Rohren. Zu Weihnachten sei dann eine Abordnung bei ihm erschienen mit einer Flasche Whisky, und zwar richtig schön eingewickelt.

Einer Frau hat er einen Kaminofen verkauft. Auf Raten, und das mache er sonst nicht, das ginge nicht, hier auf St. Pauli. Von der habe er sich nicht einmal einen Ausweis zeigen lassen. Aber jeden Monat komme sie und bringe das Geld. Nicht einmal ihren Namen kennt er.

Er weiß auch etwas über das »Innenleben« im Hafen. Bei denen, sagt er, werde immer alles besprochen und abgestimmt, und sie hätten auch Gremien, die sich um bestimmte Aufgaben kümmerten.

Ein gravierendes Drogenproblem gebe es seines Erachtens dort nicht. Sie rauchten halt ihre Joints, aber die könne man ja sowieso schon bald in der Apotheke kaufen. Saufen sei schlimmer, davon wisse er hier auf St. Pauli ein Lied zu singen.

Neuerdings gäbe es allerdings eine Menge Dealer am Hafen, Schwarze. Sie seien von Russen und Albanern vom Kiez vertrieben worden und hingen nun an der Balduintreppe herum. Jüngst sei es den Hafenleuten zuviel geworden und sie hätten sie verscheucht. Viel helfen werde das allerdings nicht, befürchtet er.

Ein Buchhändler

Sie wollen über die Hafenstraße schreiben?

»Ja«, sage ich, »über die Chaoten.«

Er mustert mich stirnrunzelnd, merkt dann aber, daß ich es nicht ernst gemeint habe, was ihn sichtlich erleichtert.

Er könne nicht über die Leute klagen, und er habe viele Kunden aus der Hafenstraße. Sie seien ausnahmslos freundlich und nett. Auch zu ihren Hunden, fügt er hinzu. Die hießen nicht Greif oder Cäsar, sondern Janosch oder Puschel oder Blümchen und täten keiner Seele was zuleide. Ich sollte nicht vergessen auch darüber zu schreiben. Die Leute vom Hafen und ihre Hunde seien ein ganz besonderes Kapitel.

Der Besitzer eines Kuriositätenladens

Er ist selber so etwas wie eine Kuriosität, ein St. Pauli-Original. Er trägt einen grauen Rauschebart und war einst Seemann. Sein Geschäft ist eine Sehenswürdigkeit und liegt schräg gegenüber von den Häusern der Hafenstraße.

Im allgemeinen täten die Leute hier nichts Schlimmes, meint er bedächtig, aber einmal habe einer von denen seine Schaufensterscheibe beschmiert. Den hätte er sich geschnappt, und mußte sie wieder sauber machen. »Hat doch glatt sein Hemd ausgezogen und als Lappen benutzt. Na, war eh nicht sehr sauber.«

Die Schulleiterin der Schule Friedrichstraße

Sie findet gut, daß ich ein Buch über die Hafenstraße schreiben will – wenn es denn ein positives Buch werde, schränkt sie ein. Sie habe sich hier im Stadtteil immer für die Leute eingesetzt, und wahrhaftig nicht sie allein: Die Nachbarn, die Interessengemeinschaft St. Pauli, die Kirchen, die Patriotische Gesellschaft hätten es ebenfalls getan.

Die Kinder aus der Hafenstraße gingen bei ihr in die Schule, ihre Sekretärin wohne in der Hafenstraße, Probleme habe es nie gegeben.

In der Presse hätte etwas anderes gestanden, halte ich ihr entgegen. Die Klassen seien leer geräumt worden, um mit den Schulmöbeln Barrikaden zu bauen.

Das sei maßlos übertrieben, wie so viele Medienberichte über die Hafenstraße, befindet sie. Alles Inventar sei zurückgebracht worden, und es gäbe keine Spannungen zwischen der Schule und dem Hafen – im Gegenteil. Ob ich mir das Wandbild angesehen hätte.

Es beherrscht eine Seite des Schulhofs, bedeckt eine ganze Fassade. Kinder, Clowns und kleine Teufel wirbeln darauf kopfüber und kopfunter durcheinander. Eine leicht geschürzte Tänzerin trägt ihren Kopf unter dem Arm, und dazwischen fliegen Schultische und Stühle und noch ein paar Sachen.

Eltern, Schüler und Leute aus der Hafenstraße hätten es gemeinsam entworfen und gemalt. Kunst am Bau, sagt sie, ganz offiziell von der Behörde bezahlt.

Wie sie denn zu den Gewalttätigkeiten in der Hafenstraße stehe, frage ich.

Sie hätten einmal sehen sollen, antwortet sie, wie die Polizei hier aufgetreten ist – immer gleich mit einer ganzen Hundertschaft. Mit Vorschlaghämmern und Kettensägen haben sie die Häuser buchstäblich gestürmt und dann die Sachen der Leute aus den Fenstern geworfen. Mitunter zweimal in der Woche. Sie könne die Wut der Bewohner verstehen. Und hier im Viertel hätte man die dauernden Einsätze auch mehr als satt gehabt.

Sie versorgt mich mit Unterlagen und Adressen. In einem der Häuser ist sie nie gewesen.

GWA St. Pauli Süd

Die GWA ist eine öffentliche Einrichtung, weitgehend getragen von der Kulturbehörde. Sie hat sechs feste professionelle Mitarbeiterinnen. Die Abkürzung steht für Gemeinwesenarbeit, und es handelt sich um ein Zentrum für stadtteilbezogene Kultur- und Sozialarbeit.

Ich spreche mit der Leiterin, einer Diplompädagogin. Sie ist schon seit Jahren hier tätig.

Probleme mit der Hafenstraße haben sie nicht und hätten sie nie gehabt, erklärt sie. Ganz im Gegenteil, denn die Leute vom Hafen setzten sich auch für Belange des Stadtteils ein, beispielsweise gegen Drogen. Einige von ihnen arbeiteten in der Drogenberatungsstelle Davidstraße mit. Ferner machten sie sich stark für die Einrichtung eines Parks am Elbufer, und derzeit engagierten sie sich für den Erhalt des Hafenkrankenhauses. Die GWA habe die Leute gelegentlich unterstützt, beispielsweise ihre Flugblätter gedruckt.

Darin habe doch in der Regel politisch ziemlich Anstößiges gestanden.

»Der Inhalt war uns nicht so wichtig«, sagt sie.

Was die Nachbarschaft beträfe, da habe kaum jemand etwas gegen die Hafenstraße. Allenfalls gebe es mal Neid, weil die Leute keine Miete zahlten, was aber so nicht stimme. Viele Berichte in den Medien seien leider unkorrekt.

Dann bestätigt sie, was ich im November 1987 selbst gesehen hatte: Türkische Frauen, und zwar Teilnehmerinnen eines Deutschlehrgangs, hätten spontan Essen zu den Eingeschlossenen gebracht.

Auch sie ist niemals in den Häusern gewesen, weiß aber einiges über das Zusammenleben. Im Prinzip, meint sie, handele es sich um ein basisdemokratisches Modell. Im sogenannten Plenum werde alles Wichtige gemeinsam besprochen und beschlossen. Und sie wohnen nicht vereinzelt. Vielleicht, meint sie, bestehe für eine solche Art gemeinsamen Lebens mehr und mehr Bedarf.

Ob sie der Meinung sei, die Hafenstraße sei so eine Art von Modell?

»In gewisser Weise schon«, erwidert sie.

Der Pastor der St.-Pauli-Kirche

Mit ihm habe ich zwei Stunden bei Kaffee und Kuchen zusammengesessen.

»Sie leben anders, das versteht sich«, sagt er. Und dann,
nach einer kleinen Pause: »Da reisen die Leute wer weiß wohin, um Sitten und Gebräuche anderer Gesellschaften kennenzulernen. Hier brauchten sie nur um die Ecke zu gehen und
wären in einer anderen Welt.« Er hält sie für ebenso anzie-
hend wie abstoßend.

Immerhin, sagt er, versuchten sie, eine Vision zu verwirklichen und er findet das gut. Die Welt brauche Visionen und
auch ein bißchen Chaos. Das mache unruhig, gewiß, halte
aber lebendig und aktiv und gebe Impulse.

Beispielhaft findet er die Solidarität in der Hafenstraße.
»Sie stehen füreinander ein und lassen so leicht niemanden
versacken.« Dadurch erinnern sie ihn an das Urchristen-
tum.

In einen christlichen Zusammenhang bringt er auch das
Wunder ihres Überlebens. »Wider alle Wahrscheinlichkeit haben sie daran geglaubt und sich von diesem Glauben durch
nichts abbringen lassen. ›Unsere Häuser‹, sagten sie und
schrieben es an die Wände, und so wurden es ihre Häuser.«
Ein Glaube, der Berge versetzen kann, müsse nicht zwangsläufig ein religiöser sein, befindet er.

Rechtens und legal sei das aber alles nicht gewesen, wende ich ein.

Er greift hinter sich ins Regal, zieht ein Buch heraus,
schlägt es auf und zitiert aus einem Brief Martin Luther Kings,
den der an seine Mitgefangenen geschrieben hat: Illegal zu
sein, sei unter Umständen unumgänglich, wenn man etwas erreichen wolle.

Die meisten Kontakte mit den Leuten aus der Hafenstraße
hatte der Pastor im Zusammenhang mit Stadtteilproblemen:
der Einrichtung eines Parks, der Erhaltung von Häusern im
Viertel, Ausrichtung eines Stadtteilfestes. Selten ist er in
eigenen Angelegenheiten der Hafenstraße tätig geworden.
Einmal erhielt er einen Anruf, einen Notruf, sagt er, er möge bitte kommen, wenn möglich sofort. Er kam, und es bot

sich ihm ein erstaunlicher Anblick: Oben auf Leons Plastik, dem »Mann aus der Kiste«, klammerten sich Verena und Ronnie an dessen stählerne Arme. Sie wehrten sich gegen einen Feuerwehrmann. Er versuchte, sie in den Korb eines Kranwagens zu ziehen, in dem er zu ihnen hoch gefahren war.

Die Feuerwehr hatte den Auftrag, den »Schrott« zu beseitigen. Auch ein Streifenwagen war vorgefahren, die Polizisten lehnten daran und schauten zu.

Der Pastor redete mit den Polizisten und der Feuerwehr, und er legte sich mit einem Vertreter der Hafenrand GmbH an, des derzeitigen Eigentümers der Häuser. Außer menschlichen und künstlerischen Argumenten führte er auch ein juristisches ins Feld. Er machte darauf aufmerksam, daß die Räumung nicht rechtens sei, sie hätte vorher angekündigt werden müssen. Sein Eingreifen hatte Erfolg, die Aktion wurde abgebrochen.

Eine Weile sitzt er still da, dann sagt er, einmal sei er seelsorgerisch für die Leute von der Hafenstraße tätig gewesen, und er erzählt mir die Geschichte von

Kuddls Beerdigung

Eines Tages sei Holger zu ihm gekommen und ungewohnt befangen gewesen. Er wohnte im Haus 126 und war seit einiger Zeit im Kirchenvorstand. »Weißt du, Pastor«, hatte er gesagt, Kuddl sei gestorben, das wisse er ja, und da hätten sie nun ein Problem: So einfach verscharren lassen können sie ihn nicht, das verstehe sich. Aber eine formelle kirchliche Beerdigung sei auch nicht ihr Ding. Ob er da nicht mit einer Zwischenlösung helfen könne: so viel Kirche wie nötig und so wenig wie möglich, vielleicht so halb als Nachbar und halb als Pastor, wenn es ginge ohne Talar.

Kuddl war, schlicht gesagt, ein Säufer gewesen, der zudem einen Großteil seines Lebens in Gefängnissen zugebracht hat. In der Hafenstraße hatte er in den letzten Jahren eine Art Heimat gefunden, war aber für alle eine arge Belastung gewesen, denn betrunken war er unerträglich. Aber konnte man ihn rausschmeißen? Nein, das konnte man nicht.

Und der Pastor konnte Holgers Vorschlag nicht zurückweisen, ungeachtet dessen, ob der Bischof anders über den Fall denken mochte. Halb christlich war schließlich immer noch besser als gar nicht. Aber Holger sollte die Grabrede halten, denn der Pastor wußte zu wenig über Kuddl.

Am Tag der Beerdigung stand der Sarg in der Kirche, und mit Holger kamen dreißig Leute aus dem Hafen. Sie hatten ein gerahmtes Bild des Verstorbenen mitgebracht, stellten es vor den Sarg. Das Glas hatte Sprünge – »wie Kuddls Leben«.

Welche Lieder sie ausgesucht hätten, wollte der Pastor von Holger wissen. Lieder? Daran habe er nicht gedacht, und in fünf Minuten sollte die Trauerfeier beginnen.

Das sei Zeit genug, meinte Holger. Sie stiegen hoch zum Organisten. Drei Stücke sollten gespielt werden, eines davon müsse ein kirchliches sein, bestimmte der Pastor. Holger blätterte im Gesangbuch, wählte »Christ fuhr gen Himmel ...« Vielleicht nehme er Kuddl ja mit, meinte er. Dann fragte er den Organisten, ob er »As time goes by« spielen könne. Er konnte. Kuddl hatte die Platte aus dem Film Casablanca immer wieder gespielt. Das dritte Musikstück überließ Holger der Wahl des Pastors. Die Zeit hatte gereicht.

Die Orgel spielte den Choral, darauf folgte ein kurzes Wort des Pastors; er trug einen schwarzen Anzug. Dann trat Holger vor den Sarg, hielt seine Rede. Als er damit fertig war, sagte er: »So Pastor, nun mach du mal weiter.« Der sah hoch zum Organisten, und es erklang »As time goes by«. Einer begann die Melodie mit zu summen, andere fielen ein.

Alle begleiteten den Sarg zum Grab, Hatto war einer der Träger. Der Pastor sprach den Segen, dann trat Holger ans offene Grab. »Hier hast du kein gutes Leben gehabt, Kuddl«, sagte er, »und ich hoffe, wo du jetzt hinkommst, ist es besser, und es gibt da kein Sozialamt.« Dann griff er in die Tasche und holte einen Flachmann heraus. »Du hast immer gern einen getrunken«, sprach er und warf die Flasche hinab, die polternd auf dem Sarg aufschlug. »Geraucht hast du auch immer gern«, fuhr er fort und warf der Flasche eine Packung Zigaretten hinterher.

Es traten nun weitere Leute ans Grab und ließen Flaschen

und Zigaretten in die Grube fallen. Einer sagte dazu: »Mach's gut, Kuddl«, ein anderer: »Als letzten Gruß«. Mit: »Tschüß, Kuddl« verabschiedete sich Holger.

Der Pastor trat vor, faltete die Hände und blickte in die Runde. »Wir beten jetzt das Vaterunser«, sagte er, wer das nicht wolle, könne sich umdrehen. Niemand drehte sich um. Mit einem letzten Amen schloß er die Trauerfeier.

Es sei, sagte er mir, die eindrucksvollste Beerdigung gewesen, die er erlebt hätte, zumal, wenn man bedenke, daß dieser Mann sonst irgendwo einsam verscharrt worden wäre.

Später sprach ich mit Holger, aber der fand gar nichts besonderes an der Sache. Kuddl anständig zu beerdigen, sagte er, sei ein notwendiger Akt des Anstandes gewesen. Und warum, fragte ich ihn, hatte er Kuddl einen Himmel ohne Sozialamt gewünscht?

Kuddl hatte das Sozialamt gehaßt, weil er es erniedrigend fand, dort hinzugehen, um sich seine »Sozi« zu holen. Lieber hatte er sich beim Klauen erwischen lassen und war dann in den Knast gegangen. Nicht selten hatte Holger für ihn das Geld geholt. Er kannte sich da aus, hatte als Beamter selbst einmal im Sozialamt gearbeitet.

Der Chef der Davidwache

Es mag widersinnig erscheinen, die Davidwache unter die Nachbarn zu zählen. Aber erstens liegt Hamburgs berühmtestes Polizeirevier tatsächlich in der Nachbarschaft, und zweitens haben der Revierführer und seine Leute von allen Nachbarn den meisten Kontakt mit der Hafenstraße gehabt – wenn auch einen für beide Teile unerfreulichen. Nicht zuletzt kennen die Polizisten die Häuser von innen, wohin sie allerdings nur mit Hilfe der erwähnten Vorschlaghämmer und Kettensägen gelangt sind.

Was würden sie zur Hafenstraße sagen, welche Gefühle hegten sie gegenüber den Leuten dort?

Dieses herauszufinden, begebe ich mich zur Davidwache, trage mein Anliegen vor und frage, ob ich nicht einmal vorbeikommen könnte, um mit den Beamten ein wenig über die Hafenstraße zu reden.

So ginge das hier nicht, bekomme ich freundlich, aber bestimmt von einer jungen Polizistin Bescheid. Ich müßte mich an die Pressestelle wenden, einen schriftlichen Antrag stellen.

Das tue ich und bekomme die Genehmigung – nach drei Monaten und etlichem Hin und Her, wobei es sich als nützlich erwiesen hat, einen Polizeioffizier gut zu kennen. Und ich darf nicht mit den Beamten sprechen, wohl aber mit dem Revierführer.

Ich schildere ihm meine Absichten, erzähle ihm einiges über mich und einiges über meine bisherigen Erfahrungen in der Hafenstraße. Er läßt Kaffee kommen, ich hatte Kuchen mitgebracht, wir werden warm miteinander, und er erweist sich nun als ungemein freimütig. Ohne weiteres gibt er zu, daß es seitens seiner Leute unzulässige Übergriffe in der Hafenstraße gegeben hat. Er habe die Männer deswegen gerügt, das habe er tun müssen. »Aber«, sagt er, »verstehen konnte ich sie schon. Sie haben sich mit Farbe und Urin überschütten, mit Steinen bewerfen und mit Schraubenmuttern beschießen lassen müssen, und dann hieß es noch in der Presse, die Polizei habe sich von der Hafenstraße vorführen lassen.«

In Wahrheit, sagt er, hätten die Politiker sich selbst vorgeführt, aber die Polizei habe es ausbaden müssen. Sie hätte das Übel beseitigen können, anfangs sogar ohne größere Probleme, aber das habe man nicht gewollt, das sei ihnen verwehrt worden. Der Polizei sei politisch lediglich die Rolle des Erfüllungsgehilfen zugewiesen worden. Sie habe in all den Jahren Amtshilfe leisten dürfen, mehr nicht.

Die Landesregierung hatte beschlossen, das Problem Hafenstraße juristisch, und zwar über das Mietrecht, zu lösen. Es wurden Räumungstitel erworben, dann konnte der jeweilige Mieter rausgesetzt werden. Zu diesem Zweck erschien der Gerichtsvollzieher. Er wurde nicht hineingelassen, und dann kam die Polizei ins Spiel. Sie leistete Amtshilfe, schaffte gewaltsam Zugang zu den Häusern und konnte nun die Wohnung räumen – jedenfalls in der Theorie.

In der Praxis sah das dann so aus: Ein Typ erschien, wurde gefragt, ob er der Mieter sei. »Nein, der Untermieter.« Im nächsten Raum fand sich ein weiterer. Der Mieter sei leider nicht da. Wo der denn wohne? Der wohnte in einer kleinen Kammer, und darin befanden sich lediglich ein paar Schrottmöbel. Die durfte die Polizei entfernen – mehr nicht. Die Untermieter waren tabu, das Gesetz will es so. Häufig wurden auch ganze Wohnungen geräumt, aber was brachte das? Drei Tage später waren sie wieder besetzt, und dann konnte die Prozedur von vorn beginnen. Das Mietrecht war eben nicht für Verhältnisse gemacht, wie sie in der Hafenstraße herrschten. Aber wie sollte er das seinen Männern plausibel machen?

Endlich, nach jahrelangen Prozessen, habe Dohnanyi alle Räumungstitel in der Hand gehabt, die Rechtsgrundlage für die Räumung der Häuser war geschaffen. »Aber er verspielte die Chance. Wofür er dann auch noch gefeiert worden ist.«

Es habe in dieser Situation bei der Polizei Tendenzen gegeben, die Häuser zu räumen und die Genehmigung hinterher einzuholen. Das sei jedoch mit ihm nicht zu machen gewesen. So manche Kollegen hätten ihm diese Haltung übel genommen, aber, sagt er, was Recht ist, müsse nun einmal Recht bleiben.

Dohnanyis Nachfolger Voscherau sei weniger blauäugig gewesen und entschlossen, mit der Hafenstraße Schluß zu machen. Er habe jedoch von vorn anfangen, abermals die rechtlichen Voraussetzungen für eine Räumung juristisch erkämpfen müssen. Das sei ihm am Ende gelungen, aber da war es zu spät. Ihm fehlte die notwendige Mehrheit; eine Räumung war politisch nicht mehr durchsetzbar.

Der Revierführer hatte auch persönliche Kontakte mit den Leuten von der Hafenstraße – berufsbedingte, nämlich polizeiliche Verhöre nach Festnahmen. So kannte er beispielsweise Hatto recht gut, der etliche Male in einer Zelle im Keller der Wache hatte übernachten müssen. Er habe zum Kern gewalttätiger Demonstranten gehört, erfahre ich.

»Im Viertel«, sage ich, »ist man nicht explizit gegen die Hafenstraße.«

Da hätte ich mal vor zehn Jahren fragen sollen, hält er mir entgegen. »Da haben die Chaoten die Schule leer geräumt für ihre Barrikaden. Die Eltern von St. Pauli hatten nicht das geringste für sie übrig.«

»Dessenungeachtet haben sie an dem Wandbild mitgearbeitet, zusammen mit Hafenstraßenleuten.«

»Ja, und der Staat hat es auch noch bezahlt«, eine für ihn unverständliche Entscheidung. Die Schulsenatorin hätte es beinahe den Kopf gekostet, erklärt er.

Er weiß auch etwas über die inneren Verhältnisse der Hafenstraße. Für Unterdrückte, Verfemte und Verfolgte habe man dort ein besonderes Faible, meint er. Man hielte sie per se für gut und für beschützenswert. So hätten sie die Gewohnheit, Schwarze zu sich einzuladen, um ihnen zu raten und zu helfen. Aber die wollen gar nicht bevormundet werden und erst recht nicht die Streicheltiere dieser Leute sein. Oder die Polen. Die haben sich nur zu gern von ihnen in die Arme schließen und bewirten lassen und dann zum Dank ihren Gastgebern geklaut, was nicht niet- und nagelfest gewesen sei.

Sein Fazit: Den Autonomen gehe es nicht um die Sache. Weder hier noch in Brokdorf, die Castor-Transporte oder die Startbahn West seien lediglich willkommene Anlässe gewesen für Krawall und Gewalt und dafür, den Staat herauszufordern. 1987 seien die Häuser der Hafenstraße voll gewesen mit zu allem entschlossenen Chaoten – bestärkt von Unterstützern, die im Geiste mit ihnen Steine geworfen hätten. Unter anderen ein Pfarrer und ein Theaterintendant, von Herrn Reemtsma ganz zu schweigen.

Zwiespältig sei das Verhältnis von Staat und Gesellschaft zu den Autonomen: Man kritisiere und beklage die Gewalt dieser Leute und halte gleichzeitig schützend die Hand über sie. Bei Demonstrationen hatte die Polizei kaum eine Möglichkeit, an den harten Kern der Gewalttäter heranzukommen. Man duldet in der Hafenstraße einen rechtsfreien Raum und zahlt am Ende den Besetzern Millionen von Steuergeldern, um Ruhe vor ihnen zu haben.

Die Polizei, meint er, hätte das Problem schneller, effektiver und weit billiger lösen können. Und es hätte dann keinen jahrelangen Unruheherd am Hafenrand gegeben.

Nachtrag

In kleiner Runde im Café am Teich erzählte ich von meinem Gespräch mit dem Chef der Davidwache. Hatto meinte, der Mann sei alles in allem kein schlechter Bulle. Er habe ihn kürzlich getroffen, und sie hätten sich freundlich gegrüßt.

Die Ansichten des Revierführers über den Umgang der Hafenstraße mit Schwarzen und Polen löste indes Belustigung aus, und man wunderte sich, woher er solchen Unsinn haben könne.

Aus eigener Erfahrung weiß ich: Es wohnen ein schwarzes Ehepaar und ein junger Farbiger in der Hafenstraße, aber sie gelten mitnichten als etwas Besonderes. Und was Bevormundung betrifft, so ist mir als Eigentümlichkeit der Leute im Hafen aufgefallen, daß sie geradezu allergisch dagegen sind. Nichts liegt ihnen ferner, als jemanden zu gängeln oder zu pädagogisieren oder sich gängeln zu lassen. Das hat auch der Pastor beobachtet. Er meinte, in der Hafenstraße würde man viel mehr zulassen, als es sonst üblich sei, und jeder könne dort weitgehend nach seiner Fasson selig werden.

Fraglos aber gibt es ein Faible für Randständige. Farbige, Illegale, Behinderte oder HIV-Positive sind im Café oder auch in der VoKü willkommen. Auf einem Transparent stand zu lesen: Kein Mensch ist illegal. Rucksacktouristen, gleich welcher Farbe oder Herkunft, läßt man schon einmal übernachten, und sie bekommen, wenn notwendig, auch etwas zu essen. Auch gegenüber widerrechtlich eingewanderten Polen hat man sich freundlich gezeigt. Ich habe sie einmal zusammensitzen und schrecklich viel Bier trinken sehen – aber draußen. In die Wohnungen dürfte man sie kaum gelassen haben. Wen man dorthin mitnimmt, den schaut man sich genau an. So hat eine angeblich obdachlose Frau Hatto und Katharina einmal um Nachtquartier gebeten. Die beiden ließen sie herein, sie gefiel ihnen jedoch nicht. Vor allem sei sie nicht offen gewesen, meinte Katharina, und so war sie schnell wieder draußen.

Die Sache mit den Zigeunerkindern mag der Meinung des Revierführers etwas näher kommen. Eine ganze Gruppe von ihnen hatte man aufgenommen, um sie vor der Abschiebung zu bewahren. Das ging schief, an denen sind sie gescheitert. Die Kinder hätten derart genervt, erzählte man mir, daß sie nicht länger zu ertragen gewesen wären. Sie seien ganz einfach zu fremd und andersartig gewesen, und so habe man sich von ihnen trennen müssen.

Und dann gibt es noch die Geschichte mit Sam, einem Schwarzen aus Senegal. Ronnie lernte ihn bei einem Krankenhausaufenthalt kennen. Der Mann war nicht nur krank, er hatte auch Sorgen. Wenn er Hilfe brauche, sagte ihm Ronnie, solle er getrost in die Hafenstraße kommen. Er kam, und da er nicht hinein gelangte, legte er sich vor der Tür von Haus 116 schlafen. Dort fand Ronnie ihn vor, als er spät nachts nach Hause kam. Natürlich erkannte er ihn nicht, stieß ihn mit dem Fuß in die Rippen, rief: »Hier wird nicht gedealt«, und riet ihm zu verschwinden. Der Irrtum klärte sich schnell auf, und Sam bekam ein Nachtquartier. Er war arbeitslos geworden, seine Ehe war zerbrochen, die Frau hatte ihn aus der Wohnung geklagt, und so fand er sich plötzlich als Mensch ohne festen Wohnsitz wieder.

Sam durfte bleiben. Er hatte aber noch ein Problem: Er bekämpfte seine Sorgen mit Alkohol. Ronnie und ein paar andere Hausbewohner redeten mit Sam darüber, und er ließ ab von der Sauferei.

Monate später traf ich ihn in der VoKü, er hatte gekocht. Wir kamen ins Gespräch. Hier seien die Leute offen, sagte er, aber auch offen mit ihrer Kritik, was er in Ordnung finde. Man könne darüber nachdenken und daraus lernen. Er habe Mist gebaut, man habe mit ihm darüber gesprochen, er habe es sich zu Herzen genommen, und das sei gut für ihn gewesen.

BESUCH BEI JOSEF

Ich öffne die in den Angeln hängende Gartenpforte neben dem bunten Eisenmann, sie quietscht. Ein Plattenweg führt durch unebenes Gelände zum ersten Bauwagen. Rechts steht ein alter Trecker, links ein ausgedienter Lieferwagen. Er ist bewohnt, hinter der Windschutzscheibe leuchtet eine bunte Lichterkette. Zwischen den Wagen liegt allerlei Gerümpel: Bretter, Mauersteine, die Trommel einer Waschmaschine. Schaut man näher hin, entdeckt man zwei kleine Teiche und mehrere mit Natursteinen eingefaßte Beete, versteckt unter Laub und kleinen Büschen.

Die Treppe, die hinaufführt zur Eingangstür des ersten Bauwagens, ist aus Baudraht zusammengeschweißt und wackelt gefährlich. Ich klopfe, ein dunkelhaariger schlanker, fast zart wirkender Mann öffnet. Er trägt einen alten Pullover, fleckige weite Hosen, ist unrasiert.

»Sind Sie Josef?«

Er nickt, ich stelle mich vor, darf zu ihm hereinkommen und bin zum zweiten Mal in einer Wohnung – wenn man diese Behausung so nennen will. Hinten im Wagen steht quer eine Liege, bedeckt mit einer groben, grauen Wolldecke; eine Katze schläft darauf. Es gibt einen kleinen wackeligen Holzspind, ein um nichts stabileres schmales Schränkchen, das mit nicht abgewaschenen Tassen voll gestellt ist. Ein Brett vor dem winzigen Fenster dient als Schreibtisch, davor steht ein bescheidener alter Stuhl, daneben eine Sitzbank aus einem bejahrten Auto. Kaffeemaschine, Kochplatte und weitere Utensilien stehen auf dem Boden. Wände und »Decke« sind bedeckt mit Kindermalereien. Für Josef, steht auf etlichen und auch Ich liebe dich, Josef, fein mit roten Herzen umrahmt. Die Kinder kommen gern zu ihm, große und kleine. Es habe sich so ergeben, meint Josef. Er unterhält sich mit ihnen, läßt sie malen, spielt und lehrt sie Gitarre. Neben der Tür steht ein Eisenofen, bullert und verströmt jene behagliche Ofenwärme, die man heute kaum noch kennt.

Josef lebt mit einigen Unterbrechungen seit zehn Jahren in der Hafenstraße. Hier fühle er sich frei, habe Kontakte, es gäbe eine Gemeinschaft. Isoliert in irgendeinem Hochhaus wohnen oder überhaupt in einer üblichen Wohnung wolle er nicht, da wäre er unglücklich. Hier, sagt er, finde jeder seinen Platz.

Ob diese Gemeinschaft nicht vor allem durch das äußere Feindbild zusammengehalten worden sei und durch den gemeinsamen Kampf ums Überleben, frage ich ihn.

Josef nimmt meine Frage nicht übel, und er versteht sofort, worauf ich hinaus will.

Klar, sagt er, sie hatten zusammenhalten müssen, das verbinde, und jetzt sei dieser Zwang vorbei. Es gebe keine verpflichtende gemeinsame Aufgabe mehr, und vielleicht werde nun der Zusammenhalt geringer. Er überlegt und meint dann, daß sich in der Tat manche isolierten, sich nicht mehr recht einbrächten, nur noch für sich lebten. Holger nennt das später einmal den schädlichen Prozeß der Individualisierung.

Josef hingegen ist froh, den Druck los zu sein. »Endlich keine Bullen mehr«, sagt er. Er genießt die Ruhe und den Frieden.

Es klopft, zwei Mädchen kommen Josef besuchen, Anja und Gaby, beide 16, Schülerinnen. Sie sind häufiger bei ihm, erzählen von der Schule und was sie sonst so erlebt haben. Am liebsten mögen sie aber, wenn Josef ihnen auf der Gitarre vorspielt. Gelegentlich helfen sie ihm auch. Dann muß er raus aus dem Wagen, und sie räumen auf. Er habe bei den beiden nicht viel zu sagen, meint Josef.

Gaby darf ihn eigentlich gar nicht besuchen, die Mutter hat es verboten. Sie hat ihre Tochter einmal bei Josef abgeholt und war von dem Ambiente schockiert. »Sie ist der Meinung, ich solle lieber mit Ärzten oder so verkehren«, sagt Gaby. Sie möchte aber auch Menschen, wie sie hier leben, kennenlernen. Sie besucht das Gymnasium, ihr Vater hat ein Juweliergeschäft auf der Reeperbahn.

Anja hat Josefs wegen keine Probleme Zuhause, ihre Mutter hat ihn sogar einmal zum Essen eingeladen.

Ob ich vielleicht der Schriftsteller sei? fragt sie mich. Ihre Mutter hat ihr von mir erzählt, sie ist eine der Altenpflegerinnen. Wehe, ich schriebe etwas Schlechtes über die Hafenstraße, sagt Anja. »Und schon gar nicht über Josef«, pflichtet ihr die Freundin bei.

Draußen kräht eine Kinderstimme: »Josef! Josef!« Sie gehört einem kleinen Mädchen, den noch kleineren Bruder hat sie an der einen Hand, in der anderen eine Tüte. »Wir haben dir Kuchen mitgebracht!« ruft sie. Gaby läßt sie herein.

Ich verabschiede mich und frage Josef, ob ich einmal wiederkommen dürfe. Das könne ich, und wenn er keinen Bock auf Besuch habe, werde er mir das sagen. Er gibt mir die Hand, sein Händedruck ist so sanft wie seine Stimme.

DAS CAFÉ AM TEICH

Zugegeben, ich hatte Beklemmungen, allein ins Café zu gehen, Schwellenangst, gewissermaßen. Obwohl Josef gesagt hat, das sei kein Problem, da sei nichts dabei. Ich bat ihn dennoch mitzukommen, und er versprach's. Er ist tatsächlich so freundlich, wie ihn die Damen von der Pflegestation geschildert haben.

Aber er ist nicht da, der Bauwagen ist dunkel. Also muß ich nun doch allein ins Café; und es hat auch geöffnet, was durchaus nicht selbstverständlich ist: Die Kette bunter Birnen brennt, hinter den Fenstern ist Licht.

Die Tür wirkt abweisend, wie fast alle Eingänge hier, und ist entsprechend schwer – Reste aus der Festungszeit der Hafenstraße. Ich drücke sie auf und bin drin. Nichts passiert, was sollte auch?

Am Tresen sind alle Hocker besetzt, an den Tischen sitzt niemand, also stelle ich mich an den Tresen. Dahinter steht eine junge Frau mit einer verschossenen grünen Pudelmütze auf dem Kopf, die sie tief in die Stirn gezogen hat. Sie heißt Margret, wie ich später erfahre. Ob ich wohl einen Kaffee

bekommen könne? frage ich. Sie nickt, geht zur Kaffeemaschine, die offenbar viel benutzt, aber selten sauber gemacht wird. In den Borden herrscht Unordnung. Neben der
Pappschachtel mit den Löffeln liegt eine Rolle Toiletten-
papier.

Margret schiebt mir den gefüllten Becher hin, sachlich,
aber nicht unfreundlich und ohne Neugier, wer ich wohl sei
oder was ich hier wolle. Nicht anders verhalten sich die beiden Frauen neben mir. Sie sehen nicht zu mir hin, unterhalten sich weiter, reden auch nicht leiser. Obwohl ich hier allein
vom Alter her ein Außenseiter bin, nimmt niemand von mir
auch nur die geringste Notiz.

Mit einem normalen Café hat dieses hier wahrhaftig keine
Ähnlichkeit. Die Decke des hohen Raumes ist rosa gestrichen.
Ein Ölofen mit meterlangem Rohr erwärmt ihn nur notdürf-
tig, darum haben die Besucher ihre Jacken anbehalten. Von
den Drähten der Halogenlampen an der Decke hängt Lamet-
ta, dazu die Plastikgirlanden an den Säulen – wie in einem
billigen Kiezlokal. Aber dann stehen frische Blumen auf dem
Tresen, und das mitten im Winter. Und zwischen den großen
Grünpflanzen am Fenster steht ein meterhoher Ibis, aus einer
Boje gefertigt.

Ich trinke einen Schluck Kaffee; mein Becher hat keinen
Henkel.

Des Problems, wie ich mit jemandem in Kontakt kommen
kann, werde ich enthoben. Josef erscheint. Es täte ihm leid
wegen der Verspätung, eine Verabredung müsse man einhal-
ten, sagt er, er sei auch ordentlich gerannt. Er möchte einen
Kaffee, wir nehmen ihn mit an einen Tisch und setzen uns. Er
erzählt, ich erzähle, als sei dies ganz normal, und das ist es
hier auch.

Nach einer Weile kommt Holger an unseren Tisch. Wir hätten uns schon im Kinderladen gesehen, sagt er. Auch dort hatte ich angeklopft und war abgewiesen worden. Er setzt sich
dazu. Was für ein Buch es denn werden solle? erkundigt er
sich. Ich versuche es zu erklären. Er hört zu, abwartend, mit
einer Spur von Skepsis. Ob ich denn Erfahrungen mit alter-
nativem Wohnen hätte? fragt er.

In gewisser Weise, sage ich, ich hätte einige Zeit in Kriegs-gefangenenlagern verbracht.

Er nickt. »Aber keine Freiheit«, meint er.

»Wohl wahr.«

Wieviel Feinde ich wohl umgebracht hätte im Krieg, will er wissen.

»Wenn es hundert gewesen wären, redest du dann nicht mehr mit mir?«

»Quatsch«, sagt er, das sei doch ganz etwas anderes. Seine Frage war nicht provokativ gemeint.

Holger ist in einer ganz normalen Familie in einer norddeutschen Stadt aufgewachsen und hat nichts entbehren müssen, erzählt er, dennoch habe er von einem anderen Wohnen und Leben geträumt.

Der Traum sei hier ja wohl in Erfüllung gegangen, bemerke ich.

Holger stimmt dem nicht zu. Von Erfüllung könne keine Rede sein, dafür sei alles noch viel zu unvollkommen.

Immerhin, stelle ich fest, werde in diesen Häusern alternativ gelebt – dazu ohne Lagerkommandanten oder dergleichen. Und zwar seit sechzehn Jahren und trotz aller Widerstände und Anfeindungen. »Wider Erwarten habt ihr überlebt, sonst säßen wir jetzt nicht hier.«

»Zum Glück!« pflichtet Josef mir bei und versichert, jeden Morgen, wenn er aufwache, freue er sich, hier zu sein, vor allem jetzt, wo nicht mehr dauernd die Bullen vor der Tür stännden.

Holger bleibt zurückhaltend. Wie sie hier lebten im Hafen, das sei doch gar nichts Besonderes und im übrigen weit davon entfernt, ideal zu sein.

»Nun gut«, stimme ich ihm zu, »aber wo, bitte sehr, gibt es denn schon eine ideale Gemeinschaft, eine ideale Gesellschaft? Und wo«, frage ich, »gibt es Leute, die sich so verhalten wie ihr hier? Man kann lange Haare tragen, kurze oder grüne, sich einen Kronleuchter an die Decke hängen oder mitten ins Zimmer einen roten Sandsack wie Hatto, vorbestraft sein, gewaschen oder nicht gewaschen. Niemanden stört's, und es würde keinem einfallen, sich über Aussehen oder Gewohnheiten eines anderen zu mokieren. Oder etwa nicht?«

Ich bin in Eifer geraten, und man eifert hier nicht. Aber auch wenn man tut, was man hier eigentlich nicht tut, macht es nichts. Jedenfalls, wenn man dazu gehört oder, wie ich, im Augenblick als Gesprächspartner akzeptiert wird.

Wie es denn »draußen« sei? fahre ich fort. »Wenn man nicht das Übliche tut, sagt oder denkt, muß man um seine Akzeptanz fürchten, um sein Fortkommen oder um sein Seelenheil.« Und dieser Prozeß beginne schon bei den Kindern in der Schule. Wollen sie nicht unterdurch sein, müssen sie tun, was in der jeweiligen Gruppe »in« ist, und das fange schon damit an, daß sie die richtige Marke Jeans tragen müssen.

Die beiden lassen sich von meinem Enthusiasmus nicht anstecken.

»Nun ja«, meint Holger zögerlich.

Josef verfolgt den Gedanken weiter, aber ohne zu eifern. Früher, meint er, sei der Zwang von oben gekommen, da gab es eine Kleiderordnung: Die Kinder haben Schuluniformen und Schülermützen tragen müssen. Heute komme der Druck von der Modeindustrie und führe zu einer Art Klamottendiktatur. Nach einer Besinnungspause fügt er hinzu, es sei schon wahr, hier zwinge niemand niemanden.

Holger sagt nichts dazu, sieht mit seinen unglaublich blauen Augen ins Leere. Wir schweigen, schweigen ziemlich lange für drei Leute, die gemeinsam am Tisch sitzen, aber dieses Schweigen hat nichts Unangenehmes.

Nach einer Weile meint Holger, er habe darüber sinniert, was die Hafenstraße im Grunde ausmache: »Sind wir ein Dorf, eine Großfamilie, eine Gemeinschaft?« fragt er mehr sich selbst als uns. Nichts passe so recht, es sei alles zu begrifflich und lege zu sehr fest. Man müßte es poetisch ausdrücken, was er nicht könne.

»In den Augen der euch Wohlgesinnten geltet ihr als eine alternative Wohn- und Lebensgemeinschaft«, sage ich, und im selben Augenblick wird mir bewußt, wie banal es klingt. Holger reagiert entsprechend:

»Worte...«, sagt er.

Nach einigem weiteren Nachdenken kommt er zu einem

Ergebnis, wenn auch zu keinem poetischen, wie er zugibt. Sie seien hier, meint er, so etwas wie ein infinites Kollektiv.

Josef fragt nach, er hat nicht verstanden. Holger überlegt und antwortet dann: »Eine Gemeinschaft, die nicht näher bestimmt ist – verschiedene Menschen mit verschiedenen Meinungen und Ansichten.«

»Und was verbindet sie?« möchte ich wissen, aber beide bleiben eine definitive Antwort schuldig.

Inzwischen sind weitere Leute gekommen, einige nicken sich zu, andere nicht. Man unterhält sich oder sitzt nur so da. An einem Tisch wird Backgammon gespielt. Josef hat sich einmal kurz mit einem Mädchen unterhalten, das, wie er sagt, ein Problem habe. Holger ist ein paarmal aufgestanden, um sich ein Bier zu holen oder Zigaretten und hat mit diesem oder jenem geredet.

Man kennt sich, erklärt er, Außenstehende verkehrten hier kaum, und wenn mal ein Unbekannter hereinkäme, lerne man ihn meist bald kennen. Oder er komme nie wieder.

Margret verteilt Kerzenhalter mit brennenden Kerzen und tanzt dabei im Takt der Musik von Tisch zu Tisch durch den Raum. Sie tut es ganz selbstverständlich, fast selbstvergessen, und gewiß nicht auf Wirkung bedacht. Sie weckt mit ihrem Verhalten keine besondere Aufmerksamkeit. Stände jemand auf und machte einen Kopfstand, würde es auch niemanden sonderlich kümmern.

Derweil hat die »Kuchenfrau« einen Kuchen gebracht, selbst gebacken, versteht sich, und ich hole uns drei Stücke.

Margret bringt einen Joint an unseren Tisch, und wie es hier üblich ist, wird er von einem zum anderen weitergereicht. Ich mache einige Züge – meine erste Erfahrung mit Haschisch. Ich habe mit keiner großen Wirkung gerechnet, tatsächlich aber breitet sich ein angenehmes Gefühl im Körper aus. Josef sagt, er ziehe Hasch dem Alkohol vor, der mache ihn müde und vernegle das Gehirn. In der Tat: Mein Kopf ist völlig klar.

»Seid ihr hier wirklich eine Gesellschaft ohne Hierarchie?« frage ich.

Holger definiert erst einmal den Begriff, unterscheidet zwischen Machtverhältnissen, die es generell zwischen Menschen gäbe, und hierarchischen Strukturen, also ein von Herrschaft bestimmtes Zusammenleben. Das lehnt er ab, nicht zuletzt darum lebe er hier, sagt er. Die Gesellschaft »draußen« hält er für falsch, weil sie die Menschen kaputt mache, was die noch nicht einmal merkten. Josef pflichtet ihm nachdrücklich bei.

»Und ihr praktiziert hier nun ein Gegenmodell«, sage ich.

Sie versuchten es, und der Versuch sei kümmerlich genug, befindet Holger. Nach einer Pause fügt er hinzu: Ohne Hierarchien und Regeln zu leben, habe auch seine entschiedenen Schattenseiten.

Das sei schon wahr, stimmt Josef ihm zu. Jeder mache hier so vor sich hin, er tue das auch, und so ein Leben sei ja auch recht angenehm. Aber genau dadurch seien sie eine ganz schön träge Masse, die sich schwer zu etwas aufraffen könne.

Als Beispiel dafür erzählt er von dem Fluchttunnel. Es sei gut, einen zu graben, hatte damals in der heißen Zeit eine kleine Gruppe vorgeschlagen. Na ja, haben die anderen gemeint, dann sollten sie das doch machen. Sie machten es, Josef war dabei, aber sie waren viel zu wenige, um weit damit zu kommen. Hier wäre eine gemeinsame Aktion aller notwendig gewesen – oder jemand, der eine solche kraft seiner Amtsautorität angeordnet hätte.

»Als später die Hafenstraße von 5000 Polizisten eingeschlossen war, hätten wir in der Falle gesessen, wenn man die Häuser gestürmt hätte«, meint Holger, und dann tauschen die beiden Erinnerungen an die Nacht der brennenden Barrikaden aus. Selbst der sanfte Josef sei wie high herumgelaufen, sagt Holger und lächelt dabei.

»Und wieso seid ihr letztlich doch noch mit heiler Haut davongekommen?«

Es sei der Druck der Bedrohung gewesen, meint Josef, der habe ihre Kräfte geweckt, jeder habe sein Bestes gegeben. »Und wir waren eben zu allem entschlossen.«

»Ein bißchen Glück haben wir wohl auch gehabt«, ergänzt Holger und steht auf. Josef trinkt seinen letzten Schluck Kaffee aus und erhebt sich ebenfalls. Wir sagen Tschau, und jeder geht seiner Wege.

Nahezu drei Stunden haben wir zusammengesessen, und es ist keinen Augenblick langweilig gewesen. Wir haben uns in aller Ruhe unterhalten, fernab jeder Verbissenheit oder Rechthaberei. An den anderen Tischen und am Tresen scheint es ähnlich zugegangen zu sein. Holger hat von Kommunikation gesprochen und gemeint, sie sei entscheidend für ein befriedigendes Zusammenleben. Hatto hielt sie für ein tragendes Element der Gemeinschaft.

Kommunikation hat mit menschlicher Nähe zu tun, sich unterhalten mit Spaß. Beides ist hier am Tisch zu spüren gewesen, und zwar trotz unserer Verschiedenheit: Holger, studiert und von gepflegtem Äußeren, Josef eher abgerissen und mit schwarzen Fingernägeln, und ich, der Fremde und Außenseiter.

MARGRET

An einem anderen Ort und unter anderen Umständen sehe ich Margret wieder.

Es geht um die Beschaffung von Presseberichten über die Hafenstraße. Holger hat mir den Tip gegeben, es im St. Pauli-Archiv zu versuchen. Das tue ich.

Es liegt in einer verkommenen Nebenstraße abseits der Reeperbahn. Ausgetretene Stufen führen in den Geschäftsraum im Souterrain. Rundum an den Wänden befinden sich Borde mit Ordnern, Schriften, Büchern. In der Mitte des Raumes steht ein Schreibtisch mit PC, und an dem sitzt Margret.

Sie studiert Geschichte und betreut einmal in der Woche das St. Pauli-Archiv, in dem Unterlagen über das Leben im Stadtteil gesammelt und gesichtet werden. Dort finde ich das Gesuchte, dazu noch etliche Flugblätter der Hafenstraße.

Ich bekomme einen Tee, und dann reden wir eine Stunde miteinander. Dazu haben wir die nötige Ruhe, denn draußen gießt es, und folglich ist nichts los. Margret hat meinen nassen Mantel an den Ofen gehängt – auch hier gibt es noch einen richtigen Ofen – und erweist sich auch ansonsten als freundlich. Ihre Ansichten sind hingegen eher radikal. Sie kämpfe, sagt sie, für eine menschliche und gerechte Gesellschaft ohne Unterdrückung und Ausbeutung. Die real existierende Gesellschaft hält sie für menschenverachtend. Ihr Anspruch ist eine friedliche und freundschaftliche Gemeinschaft, in der jeder in Würde leben könne.

Das sei eine Utopie, halte ich ihr vor, aber das läßt sie nicht gelten. Sie glaubt an eine ideale Gesellschaft und ist überzeugt, daß es sie in anderen Kulturen gibt. Das sei erwiesen, meint sie.

Ich wende ein, daß viele Berichte über derartige soziale Paradiese, meist irgendwo in der fernen Südsee gelegen, sich als schöngefärbt herausgestellt haben und wissenschaftlichen Überprüfungen nicht standgehalten hätten. Das mag sie jedoch nicht akzeptieren.

Sie jedenfalls habe in einer Gemeinschaft leben wollen, erklärt sie, in der das Zusammenleben menschlicher ist als in der Welt ringsum und ist in die Hafenstraße gezogen.

Ob dort denn nun die besseren Menschen lebten?

Sie läßt sich nicht provozieren. »Wir sind anders«, konstatiert sie, aber auf St. Pauli lebten schließlich eine Menge schräger Vögel. Ansonsten aber führten sie ein ganz normales Leben – so wie es Menschen tun sollten und wonach sich die meisten auch sehnten.

»Ihr habt es euch hart erkämpfen müssen, und habt am Ende überlebt. Aber wie«, frage ich, »ist es euch kleinem Haufen gelungen, gegen die geballte Staatsmacht zu siegen?«

»Vielleicht lag es ganz einfach an unserer Überzeugung«, sagt Margret. »Für uns stand unerschütterlich fest: Das sind unsere Häuser – und damit Punktum.«

Mit den großen Problemen seien sie trefflich fertig geworden, räume ich ein, wie aber stehe es mit alltäglichen Widrigkeiten? Ein Kenner der alternativen Szene hat vor Jahren einmal behauptet, die Hafenstraße werde nicht durch die Staatsgewalt ihr Ende finden, sondern an Alltagsschwierigkeiten zugrunde gehen – so wie die meisten anderen Kommunen auch. Nämlich an so banalen Fragen wie: wer macht sauber, wäscht ab oder putzt die Fenster?

Für Margret sind das Bagatellen. Wer schmutziges Geschirr nicht aushalte, müsse eben hingehen und abwaschen. Oder sich eine andere Gruppe suchen. Oder allein leben. Und wenn der Abwasch steht, bis er schimmelt und es stört keinen, sei das auch okay. Und wer auf Dauer immer nur die anderen den Dreck wegmachen läßt, dem wird dann eines Tages der Müll des Monats aufs Bett gekippt, dann wird er schon lernen. »Wo ist das Problem?« fragt sie.

Ein junger Mann ist hereingekommen, hat sich zu uns gesetzt und zugehört – auch ein Bewohner der Hafenstraße. Sie hätten mal ein Problem gehabt, erzählt er. »Die VoKü war außer Funktion. Kein Geschirr mehr. Es türmte sich unabgewaschen bis unter die Decke. Es gab dazu ein Plenum. Ergebnis: Alle, die eine Badewanne besaßen, mußten kommen, einen Stapel Teller mitnehmen und abgewaschen zurückbringen. Haben wir doch tatsächlich gemacht«, sagt er und grinst.

Die wirklichen Probleme seien von anderer Art, erklärt Margret. »Wir hatten das Ziel, alles allein zu machen, ohne Lehre, Ausbildung, Studium, lediglich dadurch, daß wir voneinander lernen – so, wie es schon die Menschen im Mittelalter gemacht haben. Ohne Lehre und Berufsschule haben sie ihre berühmten Kirchen und Kathedralen gebaut. Was aber ist aus der Idee geworden? Man ist im Hafen zu den alten Formen zurückgekehrt.

»Und das ist nicht das einzige in dieser Richtung«, fährt sie fort. »Durch den Vertrag sind wir in eine Rolle gezwungen, die wir wahrhaftig nicht gewollt haben – jedenfalls viele von uns nicht –, in eine kapitalistische. Wir sind jetzt mehr oder weniger Besitzer und unterliegen nun genau den Zwängen, denen wir zu entkommen suchten. Wollen wir die Häuser behalten, müssen wir den Kaufpreis abzahlen. Dementsprechend fallen hohe Mieten an, und wer die nicht bezahlen kann, den müssen wir rauswerfen.«

Diese Konsequenz findet Margret grausam. Es sei zum Weinen, sagt sie.

Wohnen ist für sie ein Grundrecht, das nicht den Gesetzen des Marktes unterworfen sein dürfe. So, wie jemand im Café am Teich einen Kaffee umsonst haben kann oder in der VoKü ein Essen, wenn er kein Geld hat, müßte es auch mit der Miete sein.

Ob sie denn meine, das soziale Experiment Hafenstraße sei gescheitert?

So weit mag sie nicht gehen. Einige, gibt sie zu, hätten in der Hafenstraße mehr gelernt, als üblicherweise Schulen, Lehrstellen oder Universitäten vermitteln – sie eingeschlossen. Oder Lutz, er habe das Programmieren allein in der Hafenstraße erlernt (und, wie ich inzwischen weiß, damit eine Menge Geld verdient). Zwei haben ein Baugeschäft eröffnet, ohne je eine Lehre gemacht zu haben, und einer absolviert eine Klempnerlehre und erhält Gesellenlohn. Er könne schon alles, hat er dem Meister erklärt und es ihm bewiesen. Erworben hat er seine Fähigkeiten durch Mitmachen und Abgucken bei der Sanierung der maroden Installationen in den Hafenstraßenhäusern.

Ich frage nach dem Drogenproblem.

Mit den Junkies hätten sie ihre Schwierigkeiten gehabt, sagt Margret. Mit etlichen seien sie zum Entzug aufs Land gefahren. Nicht immer mit Erfolg, denn, sagt sie, wer zu lange an der Spritze hänge, bei dem sei etwas kaputt, und dann sei die Abhängigkeit kein gesellschaftliches Problem mehr, sondern ein medizinisches. Von diesen Leuten haben sie sich trennen müssen, so schwer es ihnen auch gefallen sei, und manchmal habe es Jahre gedauert, bis sie draußen waren. Aber es habe auch Erfolge gegeben, und einer habe den Entzug sogar in der Hafenstraße geschafft. Inzwischen sei er seit vielen Jahren clean, und er lebe noch hier: Josef in seinem Bauwagen.

Josef ein Exjunkie! Ich erzähle Margret von meinem Besuch bei ihm.

Ich könne ihn ja selbst einmal nach seinem wilden Entzug im Haus 110 fragen, schlägt sie vor.

Er werde es schon sagen, wenn er nicht darüber sprechen will.

JOSEFS WILDER ENTZUG

Josef ohne weiteres nach seinem Entzug zu fragen, das bringe ich nicht fertig, nicht zuletzt, weil er für mich noch ein Fremder ist. Das aber ändert sich. Josef wird für mich zur Anlaufstelle in der Hafenstraße. Zunächst einmal liegt es daran, daß man bei ihm anklopfen kann. Will man sonst zu jemandem, muß man sich unten hinstellen und rufen. So verfahren auch die Bewohner. Es wird dann der Schlüssel für die Haustür hinuntergeworfen. Oder man kommt herunter und öffnet. Oder reagiert nicht auf das Rufen. Oder man ruft aus dem Fenster, daß man keinen Bock auf Besuch hat.

Ähnlich kann es einem zwar auch bei Josef ergehen. Ist ihm nicht nach Kontakt zumute, sagt er es mir ebenso wie seinen Mitbewohnern, aber ganz ungezwungen und dazu leise und freundlich, wie es seine Art ist.

Allmählich entwickelt sich zwischen uns ein freundschaftliches Verhältnis. Wir unterhalten uns, trinken zusammen Kaffee, rauchen auch mal einen Joint. Er zeigt mir seine Bilder oder spielt mir etwas auf seiner Gitarre vor, seinem einzigen Besitz von einigem Wert. Manchmal gesellt sich auch noch jemand zu uns, nicht selten Kinder. So treffe ich eines Tages die beiden Kleinen bei ihm wieder: Marja (8) mit Bruder Alexander (4). Sie wohnen nebenan im Neubau. Sie haben Josef Essen mitgebracht. Nun hocken sie auf dem »Sofa«, erzählen und verhalten sich, als seien sie hier zu Hause. Marja schenkt Josef Kaffee ein, dann Kondensmilch aus der Tüte. Das geht schief, ein Großteil landet auf ihrer Hose. »Macht nichts«, sagt Josef, »kann ja passieren, wird mit Klopapier abgewischt, fertig.« Das macht er, und die paar Tropfen auf dem Boden kümmern ihn nicht.

Ähnlich wie die Großen kommandiert ihn auch die kleine Marja herum. Sie fordert ihn auf, den Kaffee auszutrinken, er würde sonst kalt, in den Aschbecher zu aschen und nicht daneben, und rasieren müsse er sich auch mal wieder, ermahnt sie ihn.

Ein andermal sind Denise und Jasmin bei Josef, etwa zwölf Jahre alt. Als erstes hätten sie ihn rausgeschmissen und mal richtig aufgeräumt, erzählen sie. Nun sitzen sie auf der Bank, lesen Witze aus Bravo vor, und dann lösen wir gemeinsam das Kreuzworträtsel. Denise ist Türkin. Sie hat ein Bild gegen Fremdenfeindlichkeit gemalt, es hängt an der Decke. Er freue sich, wenn er seine Bilder ausstellen könne, sagt Josef; bei ihm könnten das die Kinder tun. Ein Mädchen hat eine nackte St.-Pauli-Schöne gemalt. Zensur findet nicht statt.

Es gibt keinen Kaffee heute, die Kaffeemaschine funktioniert nicht; sie müßte mal entkalkt werden, meint Josef. Ich sehe sie mir an. Entkalken wird nicht mehr helfen, sie ist hoffnungslos hinüber. Die Kochplatte ist auch nicht da. Josef hat sie verliehen. Vermutlich seien die Leute in Urlaub gefahren. Er zeigt keinen Ärger, beschwert sich nicht.

Wir trinken Saft, den ich mitgebracht habe, Josef raucht, wir schweigen – ein Schweigen ohne Spannung; es besteht kein Zwang, etwas zu sagen. Dann meint er, jetzt liefe es recht gut mit den Kindern, weit besser als vor ein paar Jahren. Besonders einige Jugendliche seien eine wahre Plage gewesen, hätten sogar geklaut. Er habe damals, sagt er, noch das politische Ding draufgehabt: freie Gesellschaft, kein Druck, kein Zwang, alles total frei. In der Praxis klappt das aber nicht, das habe er gelernt. Und eine Mission erfüllen zu wollen, sei auch Quatsch. »Also haben wir rausgeschmissen, wer Mist gebaut hat – auch wenn er Besserung versprochen hat.« Von denen, die geblieben sind, kämen heute noch einige, und das sei ja auch in Ordnung.

Einmal schaue ich am späten Abend bei ihm vorbei, um ihm einige Blätter Zeichenkarton zu bringen. Auf dem kleinen Tisch unter dem Fenster steht eine brennende Kerze, und rings um sein Bett läuft eine Lichterkette. Er hat gerade auf seiner Gitarre geübt. Er sei heute gar nicht rausgegangen, sagt er, habe es sich schön gemütlich gemacht und wolle früh zu Bett gehen, weil er ein wenig erkältet sei.

Er wohnt wahrhaftig mehr als kärglich, und sieht man seine Behausung zum ersten Mal, kann einen schon der Schock treffen. Löst man sich jedoch von eigenen Wohn- und Hygienevorstellungen, kann man es durchaus anheimelnd bei ihm finden. Mir stellt sich hier die Frage, was der Mensch eigentlich braucht zum Wohnen. Ich fand dazu eine Definition in einer der Unterlagen, die ich von der Schulleiterin bekommen hatte: »Er braucht ein Dach über dem Kopf, um geborgen zu sein. Darunter eine Wohnung, um die Tür hinter sich zumachen zu können. Er braucht ferner einen Stuhl zum Sitzen und einen für den Besuch. Einen Tisch zum Essen, Schreiben, Spielen und Arbeiten, und er braucht ein Bett zum Schlafen und einen Schrank für die ›Siebensachen‹. Schließlich muß er noch einen Platz finden für die Dinge, die ihm wichtig sind und ihm etwas erzählen: Zeugnisse seines Sammeleifers, Beutestücke seiner Träume, Gegenstände seines Erfolgs und seiner Hoffnungen.«

Josef verfügt über all das, es reicht ihm, mehr noch: Er ist glücklich damit.

Zum Geburtstag schenke ich ihm eine Kaffeemaschine.

Inzwischen ist es Frühjahr geworden, und ich habe ihn immer noch nicht nach seinem wilden Entzug gefragt. Dazu bietet sich jetzt eine Gelegenheit, und zwar durch Julia, die Freundin von Joost, die junge Frau mit den wechselnden Gemütsverfassungen. Sie bittet Josef um fünf Mark.

Mit Geld sehe es bei ihm im Augenblick schlecht aus, erklärt er ihr. Ob sie vielleicht Tabak wolle?

Nein, sie habe Hunger.

Josef holt Brot und Käse heraus, schneidet davon ab und packt die Stücke ein.

Ob sie bitte hier essen könne? fragt sie.

Kein Problem, natürlich darf sie das.

Sie ißt hastig, fast schon gierig.

Josef dreht ihr eine Zigarette. Sie raucht so hastig, wie sie gegessen hat. Dabei erzählt sie ihm mit gewissem Stolz, man habe gesagt, sie solle doch raufkommen; sie sei aber nicht gegangen – nicht ein einziges Mal diese Woche. Erst später wird mir klar, was gemeint ist: Sie hat sieben Tage den Einladungen ihres Dealers widerstanden.

Ich frage sie, wie es Joost geht. Sie lebt mit ihm zusammen, er hat Tbc, und zwar ziemlich schlimm. Sie zögert, sagt schließlich: »Weißt du, ich habe gerade Streß mit ihm.« Und dann bricht es aus ihr heraus: »Er ignoriert mich ganz einfach, und das halte ich nicht aus; ich bin unglücklich.« Sie drückt den Kopf in ihre Armbeuge, verharrt so einen Augenblick und fährt dann fort: »Wir sind so verschieden. Er hat seine Regeln, nach denen er leben will, ich habe meine. Das ginge ja noch, aber er erwartet, daß ich nach seinen Regeln lebe, und schon haben wir Streß.«

Sie sei auch nicht einfach, habe ihre Eigenarten, das müsse sie zugeben. Und sie sei schon in sich selbst verschieden, habe zwei Seelen, sei ein Mischling.

Ihre Mutter ist Deutsche, ihr Vater Jugoslawe.

Sie fühle mehr jugoslawisch, obwohl sie da nicht aufgewachsen sei, das Land nicht einmal kenne. »Die sind ...«, sie sucht nach einem passenden Wort, sagt dann: »Die sind lieber«, ist damit aber nicht zufrieden, schüttelt den Kopf, befindet: »Doofer Ausdruck. Und dann die USA«, fährt sie fort, »da ist wieder alles ganz anders.« Sie werde demnächst rüberfliegen zu ihren Eltern, was sie einerseits wolle, andererseits aber eigentlich doch nicht wolle. »Außerdem ...« Sie vollendet den Satz nicht, steht auf und geht ohne ein weiteres Wort.

Kokain sei ihr Problem, erklärt mir Josef, sie komme nicht los davon. Neuerdings setze man sie mehr und mehr unter Druck in 116, und das tue auch Joost. Das aber bringe nichts. Nach einer Pause fügt er hinzu: »Nur man selbst kann sich unter Druck setzen.« Nach einer weiteren Pause meint er, im Grunde sei sie ein netter Kerl. Er höre ihr zu, wenn sie zu ihm komme, gebe ihr auch mal Tabak, aber niemals Geld. Helfen könne er ihr jedoch auch nicht. Und manchmal falle es ihm schwer, sich immer wieder ihre Probleme anzuhören, denn das nehme ihn ziemlich mit. Aber er bemühe sich, auch wenn sie nicht dankbar sei.

»Ist es schwer, von Kokain abzukommen?« möchte ich wissen.

»Nicht, wenn man es wirklich will, denn die Abhängigkeit besteht lediglich im Kopf.«

Bei Heroin sei das wohl anders.

»Ziemlich anders.«

Ich gebe mir einen Ruck und frage Josef ganz direkt, wie er es geschafft habe, von der Spritze loszukommen.

Er antwortet ohne weiteres, fragt auch nicht, woher ich davon weiß, und erzählt, als spreche er über etwas nicht weiter Besonderes. Vor acht Jahren hat er den ersten Entzug gemacht, eine reguläre Therapie auf dem Land unter ärztlicher Aufsicht. Danach kam er in die Hafenstraße zurück, und zwei Jahre ging alles gut, er blieb clean. Dann lernte er eine Frau kennen. Total weg sei er von ihr gewesen – und sie von ihm. Sie seien sehr bald zusammengezogen, das heißt, er zu ihr. Aber sie war abhängig. Josef wollte ihr helfen, von dem Zeug loszukommen, aber das mißlang, schlimmer noch: Er selber wurde rückfällig. Schließlich war der Zustand unhaltbar geworden. Er trennte sich von ihr und kam total süchtig zurück in die Hafenstraße. Er war jedoch fest entschlossen, wieder clean zu werden. Eine offizielle Therapie mochte er nicht noch einmal machen, er wollte nicht weg aus dem Hafen. Dort versprach man, ihm zu helfen, und damit, sagt er, sei er total einverstanden gewesen.

Er wußte, was ihm bevorstand, und die anderen wußten es auch. Mit einer Matratze und einer Decke zog er auf den Dachboden von Haus 110, und es gab keine Spritze mehr. Tagelang tobte er, zerschlug, was dort oben nicht niet- und nagelfest war, unter anderem einen Spiegel. Später, erzählt er, habe er einige Scherben wieder eingesammelt und in einen Rahmen geklebt. »Schau mal hinter meinen Rasierspiegel«, fordert er mich auf. Dahinter hängt an einem kleinen Nagel dieses Erinnerungsstück aus schlimmen Tagen. Gewiß eines jener Dinge, »die ihm wichtig sind und ihm etwas erzählen«, und gleichzeitig fraglos ein Zeugnis seines Erfolges, seines Sieges über die Sucht.

Nachdem das erste Stadium überstanden war, trank er Alkohol, viel Alkohol, egal welchen, und rauchte Hasch, aß aber kaum noch. Dabei sei er total abgemagert, habe fast nur noch gelegen. Dann bekam er eine Salmonelleninfektion mit hohem Fieber. In einer Nacht sei es ihm echt schlecht gegangen, erzählt er. Er sei schon halb abgedreht gewesen, nicht mehr in der Lage, jemanden zu rufen, und da habe er gedacht, nun sei es aus.

Die Mitbewohner halfen, ihn wieder auf die Beine zu bringen. Sie kochten ihm Tee, brachten ihm Essen, und immer war jemand da zum Reden. Ohne sie hätte er es nicht geschafft, mit Sicherheit nicht, sagt er.

Im Grunde hat er diesen »wilden Entzug« jedoch ganz allein durchstehen müssen. Er ist freiwillig in sein Exil unterm Dach gegangen und freiwillig dort geblieben. Niemand hätte ihn aufgehalten, wenn er gegangen wäre. Kein Arzt sah nach ihm, sonstige medizinische Hilfen gab es auch nicht. Er bekam keine Beruhigungsmittel, wenn er tobte, oder Methadon als Überbrückungshilfe. Mit Schnaps und Hasch brachte er sich selbst über die Runden.

»Quasi als Ausstiegsdrogen«, sagt Josef.

Das hätte aber ganz schön ins Auge gehen können, sage ich, zumindest was Alkohol betrifft.

Damit habe er keine Probleme gehabt, heute trinke er allenfalls mal ein Bier. Aber Hasch brauche er. Und Kaffee, setzt er hinzu und greift nach seiner Tasse.

Als er den Dachboden nicht mehr nötig hatte, zog er nicht wieder in seine alte Wohnung. Das sei ihm total unmöglich gewesen, denn da habe die Beziehung mit der Frau angefangen. Er habe ein Zimmer bekommen – völlig verwahrlost. Wenn Josef das sagt, muß es fürwahr in einem katastrophalen Zustand gewesen sein. Aber das hatte sein Gutes, meint er, sei er doch erst einmal ordentlich beschäftigt gewesen. Zwischendurch habe er kleine Spaziergänge gemacht, aber lediglich innerhalb des »Dorfs«. Dealer gab es damals hier noch nicht. Selbst wenn da welche gewesen wären, sagt er, hätten sie ihn nicht in Versuchung geführt. Ja, und dann habe er mal für alle im Haus Frühstück gemacht und sich von da an ganz allmählich wieder eingeklinkt; aber das habe gedauert.

Ich frage nach der Frau.

»Sie ist tot. Für sie war es zu spät«, sagt er. »Sie hatte keinen Lebenswillen mehr, hat sich aufgegeben. Sie wollte, daß ich ihr den goldenen Schuß setze, aber das hätte ich niemals fertiggebracht, total unmöglich. Aber sie hat nicht aufgegeben, mir weiter zugesetzt. Das hab' ich nicht mehr ausgehalten, und da bin ich dann hierher zurückgekommen.«

»Und du hast den Entzug geschafft. Wenn man bedenkt, wie wenigen das gelingt, kannst du wirklich stolz sein.«

Ja, meint er, er sei ganz glücklich, die Kurve gekriegt zu haben.

Josef hat diese Episode seines Lebens, die ihn um ein Haar umgebracht hätte, ohne jeden Aufwand erzählt, kaum jemals die Stimme erhoben. Hat er vielleicht die Distanz, auf die man hier untereinander hält, auch gegenüber sich selbst und seinem Schicksal?

Auf dem Weg zurück bin ich noch bewegt von seiner Schilderung und habe nun auch meinen Nutzen von den hiesigen Umgangsformen: Ich muß mit niemandem reden, dem ich begegne, wozu ich im Augenblick ohnehin nicht die geringste Neigung habe. Nicht einmal »Hi« sagen muß ich, und das tue ich auch nicht. Ohne Gruß gehe ich an Holger vorbei. Er nimmt es nicht übel, niemand hier täte es.

Zwei Tage später treffe ich Josef wieder. Er redet gerade mit zwei Mädchen und scheint mich nicht mehr zu kennen. Hat er bedauert, so offen über eine private Angelegenheit gesprochen zu haben? Nein. Aber auch sehr persönliche Gespräche verpflichten hier nicht zu verstärktem Kontakt. Es überrascht mich immer wieder, aber so ist es nun einmal in der Hafenstraße.

DIE VOLKSKÜCHE

Erster Besuch

Eine Stellwand vor dem Eingang der Volksküche verkündet: VoKü heute offen. Es ist auch Licht hinter den Fenstern, und man hört gedämpft Musik. Fünf abgetretene Steinstufen führen hinauf in einen Vorraum. Baugeflecht und Bretter lehnen an den Wänden, diverse alte Leitungen ragen in den

Raum, links und rechts der Tür sind schwere Eisenträger angebracht. Die Tür nach drinnen läßt sich nicht öffnen. Rechts hängt ein schwerer dunkler Vorhang von der Decke bis auf den Boden, und dahinter befindet sich eine massive Holzwand. Ich klopfe daran, und ich klopfe an die Tür. Man wird mich kaum hören, und so ist es, nichts rührt sich. Ich mache noch eine Runde um die Häuser.

Der schmale Weg ist dunkel, und dunkle Gestalten stehen herum, Schwarze. »Hi«, sagt einer, »Guten Abend« ein anderer – Dealer, die auf einen Käufer hoffen. Zwei Leute gehen in die VoKü, ich folge ihnen, komme unmittelbar hinter ihnen an, aber sie sind verschwunden. Wie ist das möglich? Ich warte auf den nächsten Gast, und der zeigt es mir: Nichts Unheimliches ist im Spiel: Die Holzwand ist eine Schiebetür und läßt sich ganz leicht bewegen.

Ich habe in meinem Leben schon so manchen Speiseraum gesehen, die VoKü ist anders: Es gibt keine Tapeten und keine Farbe an den Wänden, vielmehr kleben Plakate, Aufrufe, Flugblätter daran; eine Wand bedeckt ein farbenfrohes Bild mit dem Yin-und-Yang-Zeichen. Bis vor kurzem prangte hier noch eine überdimensionale geballte schwarze Faust. An einer Tür hängt ein reichlich beschädigtes Poster von Che Guevara. Ein Teil der hohen Decke ist mit einem Netz abgehängt. Das große Fenster neben mir scheint zertrümmert; tatsächlich hat man Glasscherben zwischen zwei Fensterscheiben eingebettet – Erinnerung an die Polizeieinsätze. In der Mitte des großen Raumes steht ein mir vertrauter Kachelofen, genau so einen besaß ich vor fünfzig Jahren. Das Drumherum ist alles andere als vertraut. Finstere Typen, wie es mir scheint, hocken bei lauter Musik an primitiven Tischen und löffeln ihr Essen. Einige haben wilde lange Haare, andere kurzgeschorene Köpfe, etliche tragen tief in die Stirn gezogene Mützen, einer hat ein Kopftuch um. Aber es brennen Kerzen, die meisten sind einfach mit Wachs auf die Tischplatten geklebt, einige stecken in Flaschen. Am Tresen steht ein Mann in schicker Lederjacke, daneben einer in total zerrissener Hose. Sie unterhalten sich mit einer zierlichen jungen Frau mit schrill-bunten Haaren. Sie lacht.

Da ich nicht gut am Eingang stehen bleiben kann, bewege ich mich zwischen den Tischen hindurch und werde auch hier kaum beachtet. Auf einem Sitzmöbel, das einstmals ein eleganter Clubsessel gewesen sein muß, liegt ein gefährlich aussehender schwarzer Hund, der aber auch keine Notiz von mir nimmt.

Ich stelle mich zu den Dreien an den Tresen. Sie sitzen auf hohen Hockern – abgenutzt und alle verschieden. Ein paar weitere dieser Art stehen noch herum.

Hinter dem Tresen ist die Küche, und am Herd steht

Rudi

Alles an ihm ist schwarz, dazu bedeckt ein schwarzer Sieben-Tage-Bart sein Gesicht. Er stellt den Nachtisch vor die beiden Männer: Pudding mit Vanillesoße, obenauf drei Schokoladenplätzchen. Mit scharfen, dunklen Augen, die unter buschigen schwarzen Augenbrauen liegen, mustert er mich wenig freundlich. »Wollen Sie was zu essen?« fragt er. Ich nicke, was er offenbar nicht erwartet hat. Seine Miene hellt sich etwas auf. Es gäbe Gemüsesuppe, und ich könne sie mit gebratenem Huhn oder ohne haben.

»Ohne«, antworte ich und ziehe mir einen Hocker heran.

Mit »tschau« verabschiedet sich die junge Frau von den beiden Männern. Sie sehen ihr nicht nach – aber ich. Sie hat eine gute Figur und weiß sie zur Geltung zu bringen. Sie geht quer durch den Raum, aber kein lüsterner Blick folgt ihr.

Suppe wie Nachtisch schmecken unerwartet lecker. Ich muß dafür fünf Mark bezahlen, mit Huhn wären es sechs gewesen. Rudi legt das Geld in einen Schuhkarton, der auf dem Kühlschrank steht, nimmt die Teller fort und stellt sie in die Spüle. Sie ist hinten an der Wand angeschraubt, vorn stützen sie zwei Vierkantstäbe. Es gibt zwei große Herde. Sie werden offenbar lediglich benutzt, kaum jemals sauber gemacht. Der Kühlschrank muß aus den fünfziger Jahren stammen. Es klebt ein Sticker daran: Bring mich ins Heim. An einer massiven Holzstange hängen Töpfe, Pfannen, Kasserollen an großen Fleischerhaken, und überall liegt und steht herum, was benötigt wird.

Die beiden Männer neben mir unterhalten sich über Fußball, dann bestellen sie Bier. Ich lasse mir auch eine Flasche geben. Rudi hantiert an den Herden. Die beiden trinken und schweigen. Schließlich fragt mich der eine, warum ich hier sei, ob aus Neugier? Er fragt ganz sachlich, ohne Mißtrauen oder Schärfe.

Ja, sage ich, ich sei aus Neugier hier, weil ich nämlich ein Buch über die Hafenstraße schreiben wolle.

»Warum?« will er wissen.

»Modell Hafenstraße«, sage ich.

Davon halten sie nichts. Das sei hier doch gar nichts Besonderes, vielmehr ganz normal, meinen sie.

Sie zahlen und gehen, und ich sitze nun allein mit Rudi an der Theke.

Er will wissen, was ich mache. Ich erzähle von meiner Zeit als Lehrer, von meiner ersten Klasse schwieriger Kinder. Es interessiert ihn, er weiß auch einiges über Behinderte, hat sich darüber hinaus etliche eigene Gedanken gemacht. Ich bin überrascht.

Ein Ausländer kommt und fragt im breitesten Cockney, wo der nächste Copyshop sei. Rudi erklärt es ihm in fließendem Englisch. Ehrlich gesagt, ich habe ihm kaum zugetraut, richtiges Deutsch zu sprechen. Das Äußere der Leute täuscht, hatte mir schon der Pastor gesagt.

Rudi lebt seit zwölf Jahren hier, ist geborener St. Paulianer und Kommunist. Die DDR hält er immer noch für ein erstrebenswertes Modell. Und Kommunismus, wie er ihn versteht, bedeutet, daß für alle Menschen Essen, Trinken und Wohnen frei sein müßten. Nach dieser Devise hat er eine Zeitlang gelebt, nämlich von Ladendiebstahl, und in der Hafenstraße zahlt er keine Miete.

Aus einem Karton kramt er eine Kassette, legt sie ein, und es ertönt rauschend und knackend das kommunistische Kampflied »Vom dicken SA-Mann«.

»Sie hören das hier nicht so gern – leider«, sagt Rudi. Überhaupt ist er mit dem Zustand in der Hafenstraße unzufrieden: kein politisches Engagement mehr, keine Provokationen, immer weniger Leute beteiligten sich an Demos, und niemand lese mehr Marx. Man würde hier mehr und mehr individualistisch, das widere ihn an, und verächtlich verzieht er seine Miene.

Margret hat Rudi einen Idioten genannt und gemeint, es werde Zeit, daß er ausziehe. Er sei Stasi-Agent gewesen, weigere sich jedoch, von sich aus die Namen derer zu nennen, die er denunziert hat. Dieser Mangel an Offenheit sei nicht hinzunehmen, hat sie befunden.

Dies scheint nicht der einzige Kritikpunkt an ihm zu sein. Eine Frau kommt zu ihm in die Küche, es ist Biggi, die wie Rudi im Haus 116 wohnt. Die beiden haben eine Auseinandersetzung. Manches von dem, was sie sagen, wird von den KPD-Liedern übertönt, immerhin bekomme ich mit, daß sie ihm Vorwürfe macht.

Er habe wieder einmal etwas gegen den Willen der anderen durchsetzen wollen, beschuldigt sie ihn, und er müsse endlich lernen, damit aufzuhören. Er bestreitet vehement jegliche Schuld und beschwert sich seinerseits über die Sanktionen, die sein offenbar als gemeinschaftswidrig empfundenes Verhalten ausgelöst hat: Man hat ihm das Bett zersägt. Das ginge nicht an, so etwas könne man nicht einfach geschehen lassen, darüber müsse geredet werden, fordert er, aber die Crux sei, alles bliebe immer an ihm hängen. Am Ende meint er, er habe die Häuser nicht besetzt, für sie gekämpft und an ihnen gearbeitet, um zuzusehen, wie solche Zustände einrissen. Sie einigen sich nicht; Biggi geht. Ungeachtet der heftigen Auseinandersetzung lächelt sie einem kleinen Mädchen zu, das mit dem schwarzen Hund spielt.

Rudi lächelt nicht. Er dreht sich eine Zigarette, schenkt sich Wein ein, trinkt, raucht und sagt eine Weile nichts. Dann kommt er auf das zurück, worüber wir vor Biggis Erscheinen gesprochen haben: Hierarchien in der Hafenstraße. Hier werde Herrschaft ausgeübt, darauf könne ich Gift nehmen, versichert er mir. Im Hafen dominierten diejenigen, die am längsten hier wohnen. Die hätten das Sagen und straften ab, wer sich ihnen widersetze. (Rudi gehört selber zu den Alteingesessenen, lebt seit zwölf Jahren hier, hat 1987 den Kampf um die Häuser mitgemacht.) Selbst im Knast sei die Solidarität größer gewesen, konstatiert er.

Und dann regt er sich über jene auf, die nichts tun wollen, nicht aufräumen, saubermachen, abwaschen. Er habe nichts gegen die bürgerliche Sauberkeit, sagt er und wirft einen mißbilligenden Blick in die Küche.

Und üble Geschäfte seien hier auch gemacht worden, fährt er fort, obwohl daran gar nicht viel verdient wurde. Das große Geld hätten die gemacht, die in dicken Wagen vorgefahren seien.

Damit sei es doch jetzt vorbei, bemerke ich.

Geblieben seien die Dealer, sagt er. Sie passen ihm so wenig wie Hatto. Aber, meint er, wir können schließlich nicht wie die Kleinbürger für 'ne saubere Straße vor unserer Haustür plädieren. Die Straße sei nun einmal öffentlich, damit müsse man leben. Als die Typen aber anfingen, sich im *Onkel Otto* aufzuwärmen, sei die Grenze erreicht gewesen. »Wir haben sie rausgeschmissen und an die Tür kam ein Schild mit: ›Dealer verpißt euch‹.«

Davon hatte mir schon der Chef der Davidwache erzählt. Aus unerfindlichen Gründen hat ein Polizist das Schild mitgenommen, es liege immer noch im Keller der Wache.

Zweiter Besuch

Das Hineinkommen ist nun kein Problem mehr, aber wieder ist mir, als betrete ich eine andere, eine fremde Welt. Und ich weiß nicht, wo ich mich hinsetzen soll. Die Hocker am Tresen sind alle besetzt, ebenso die Tische. Nur an einem sitzt ein einzelner Mann an einem grauen Plastiktisch, ein Rollstuhlfahrer. Er ist nicht nur gehbehindert, hat einen kugeligen Kopf, fleischige, dicke Hände und ein großes und ein kleines Auge – Down-Syndrom, früher Mongolismus genannt. Ich setze mich zu ihm, sage meinen Namen, er nennt den seinen und schüttelt mir ausgiebig die Hand. Er wohne nicht in der Hafenstraße, sagt er, aber manchmal penne er hier. Ob er mit einem Freund hier sei? Jawohl, bestätigt er, mit dem besten aller Freunde. Verschmitzt lächelnd zeigt er auf sich: »Mit mir.« Als er seine Suppe aufgegessen hat, fragt er, ob ich eine Zigarette für ihn hätte. Habe ich nicht, sei leider Nichtraucher. Er fährt mit seinem Rollstuhl los, um an eine Zigarette zu kommen.

Ich gehe mir Essen holen. Heute hat Hanno gekocht. Als erstes sehe ich nur sein Haar. Er trägt es hoch aufgetürmt, und es ist in Rastalocken gedreht. Er füllt einen Teller mit Nudelsuppe und reicht ihn mir – ohne argwöhnischen Blick. Für den Nachtisch soll ich wiederkommen.

Ist er weniger mißtrauisch als Rudi, oder hat sich herumgesprochen, daß ich kein üblicher Neugieriger bin? Hat man vielleicht sogar akzeptiert, daß ich ein Buch über die Hafenstraße schreiben will?

Als Nachtisch gibt es Milchreis mit Kirschen. Hannos Kochkünste stehen denen Rudis nicht nach. Ich bringe die Teller zurück, Plätze sind frei geworden, ich setze mich an den Tresen und frage, ob es möglich sei, vielleicht noch einen Kaffee zu bekommen.

Der Mann neben mir lacht. Es ist ein leises, amüsiertes Lachen und unzweifelhaft auf meine Bestellung bezogen. Ich frage, warum er lache. »Ach, nur so«, sagt er, »wie du das gesagt hast.« Er lacht mich nicht aus, er belächelt meine Formulierung, aber ohne Schadenfreude oder Kritik, tatsächlich »nur so«. Ich fühle mich auch nicht angegriffen. In Zukunft werde ich mich jedoch bemühen, eine derart umständliche Ausdrucksweise zu vermeiden. Sie war Folge meiner Unsicherheit.

Lutz

Jemand kommt mit einem Becher Kaffee in der Hand, nimmt neben mir Platz, schaut mich an und sagt, er heiße Lutz. Er hat einen Overall an und trägt eine Mütze mit dem Schirm nach hinten. Seine feinen Gesichtszüge und sein ausdrucksvolles Profil, das von einer geradezu klassischen Nase beherrscht wird, scheinen zu diesem Outfit nicht zu passen. Ebenso seine gepflegte Sprache. Er kommt ohne Umschweife zur Sache. Er wisse durch Hatto und auch von Holger von meinem Plan, über die Hafenstraße zu schreiben, und da erhebe sich die Frage: Wollen wir überhaupt, daß jemand ein Buch über uns schreibt? Bis vor kurzem hätte er das abgelehnt. Dann findet er, daß ich recht voraussetzungslos an die Sache herangehe und ohne große Vorkenntnisse. Er macht mich auf einen recht guten Film über die Hafenstraße aufmerksam und sagt mir, wo ich ihn bekommen könne.

Ich wolle keine soziologische Studie schreiben und gar nicht alles mögliche vorab wissen, entgegne ich ihm. Mir liege daran, die Hafenstraße möglichst unvoreingenommen kennenzulernen, und zwar das konkrete Leben hier. Ich möchte selber sehen, hören, riechen und schmecken. Zum Beispiel das Essen in der VoKü. Entgegen meinen Erwartungen sei es vorzüglich.

Sonst ginge auch keiner hin, meint Lutz.

Ebenso wie Hatto und Holger hat er Schwierigkeiten mit meiner Auffassung von der Hafenstraße als einem Modell. Sie sei keines, stellt er fest, dazu funktioniere alles viel zu schlecht.

Es käme darauf an, welchen Maßstab man anlegt, halte ich ihm entgegen. Gemessen an der Utopie einer perfekten Gesellschaft, wären sie in der Tat reichlich unvollkommen. Im Vergleich mit anderen freien, nicht hierarchischen Gemeinschaften sähe die Sache anders aus. Keine einzige habe sechzehn Jahre oder gar noch länger diesen Status halten können. Die in den siebziger Jahren mit großem Enthusiasmus gegründeten Kommunen sind weit früher gescheitert, oft an banalen Dingen. Und wie im Kleinen sei es auch im Großen: Die Freude an Freiheit und Gleichheit nach der französischen Revolution währte ganze vier Jahre, dann folgte eine Schreckensherrschaft. Und weitere fünf Jahre später hatten die Freiheitskämpfer wieder einen Diktator. Und dies sei nicht das einzige Beispiel für eine derartige Entwicklung. Der kommunistischen Idee von einer herrschaftsfreien und klassenlosen Gesellschaft sei es um nichts besser gegangen. Sie endete in der Diktatur einer streng nach Rangfolge gegliederten Funktionärsschicht.

Lutz ist von meinen historischen Vergleichen wenig beeindruckt. Er bleibt dabei, hier sei alles ungeordnet und improvisiert. Der eine habe einen Einfall, der andere eine Idee, man rede darüber, wobei nicht immer viel herauskäme. Letztlich liefe es darauf hinaus, daß jeder macht, wozu er gerade Lust hat. Nach dieser Devise funktioniere auch die VoKü, das Café, *Onkel Otto* und das *Ahoi* – mehr schlecht als recht.

Immerhin funktioniere es, erwidere ich, und niemand sei hier in ein hierarchisches System eingezwängt. Und er lebe vermutlich doch auch lieber in der Hafenstraße als in der so wohlgeordneten Welt außerhalb.

Lutz antwortet nicht sofort, trinkt einen Schluck Kaffee, und meint dann, er habe draußen eigentlich unter optimalen Bedingungen gearbeitet. Sein Chef sei ein Freund von ihm gewesen, die Arbeit habe ihm Spaß gemacht, und gut verdient habe er obendrein. Er trinkt einen weiteren Schluck, schaut mich an und sagt dann: »Aber ich habe eben tun müssen, was die Firma wollte und mir vorschrieb. Und alles, was ich entwickelte, mußte ich meinem Chef zur Überprüfung vorlegen.« Das sei durchaus in Ordnung gewesen und überdies sinnvoll, denn der habe oft gute Einfälle dazu gehabt oder nützliche Verbesserungsvorschläge gemacht. »Dennoch: Dieses Leben ist ganz einfach nicht mein Fall.« Nach einer Pause fügt er hinzu: »Als ich kündigte, fiel er aus allen Wolken.«

Seit zehn Jahren lebt er nun hier. Statt Kaschmirpullover trägt er einen schmutzigen Overall, statt am Computer zu sitzen und Programme zu schreiben, werkt er in den Häusern. Es mußte schließlich etwas getan werden, sollten sie nicht zusammenfallen, stellt er fest. »Wir haben zum Beispiel Stahlträger eingezogen. Da erschienen Vertreter des Ordnungsamts, erklärten, das sei verboten, sei illegal; solche Arbeiten dürften nur von autorisierten Firmen durchgeführt werden. Und wir sollten die Träger wieder herausreißen. Unser Einwand, die Arbeit sei ordnungsgemäß von ausgebildeten Fachleuten gemacht worden, wovon sie sich ja überzeugen könnten, zählte nicht. Vorschrift sei nun einmal Vorschrift. Eine weitere Begehung würde kontrollieren, ob wir die Auflage erfüllt hätten.

Wir haben die Leute nicht hereingelassen. Sie kamen wieder, und mit Brecheisen und Kettensägen leistete die Polizei Amtshilfe. Es sei schon hirnrissig, meint Lutz, wir wollten etwas tun, haben es getan, und dann hat man uns die Türen eingeschlagen.

Sie haben sich nicht entmutigen lassen, und in diesem Zusammenhang erzählt auch Lutz die Geschichte von dem neu gedeckten Dach, kurz bevor die Häuser gestürmt werden sollten.

Woher sie diesen Optimismus genommen hätten, möchte ich wissen.

Sie hätten eben weniger gedacht und überlegt und mehr gehandelt.

Lutz hat sich auch um die Gestaltung des Grundstücks gekümmert. Er hat geholfen, den Teich beim Café einzurichten; sie haben zwei Bäume ans Ende der Balduintreppe gesetzt, den Hang befestigt und begrünt und im Sommer bewässert. Der ist immerhin an die zweihundert Meter lang.

»Mit Gießkannen?« frage ich.

Lutz grinst. »Wir haben uns aus einem Hydranten bedient und einen Feuerwehrschlauch benutzt. Unser Bürgermeister wollte doch ein grünes Hamburg, warum sollten wir daran nicht die Hamburger Wasserwerke beteiligen?«

Ich frage nach der Autonomie, und er erzählt mir ein Beispiel, das die Grenzen individueller Autonomie zeigt. Sie hatten den »Mann aus der Kiste« mit Hilfe des Pastors gerettet, aber das Ding mußte umgesetzt werden. Das Fundament war gelegt, der Transport dahin reibungslos verlaufen, doch nun ging es ans Aufrichten. Leute waren genug da, und jeder faßte zu. »Aber wir kriegten den Apparat einfach nicht hoch – keine Koordination. Bis einer meinte: Vielleicht sollte mal jemand das Kommando geben. Einer gab das Kommando – der einzige von uns, der bei der Bundeswehr gewesen ist. Und dann ging's.«

Für Lutz ist nicht nur das Leben in der Hafenstraße befriedigend, er schätzt auch das Ambiente: Vor ihnen der mit Leben erfüllte Hafen, immer Bewegung, oft etwas los. In der

Zeit der Belagerung habe ihn der Arbeitslärm drüben auf der Werft – Schlag auf Schlag in regelmäßigen Abständen – ungemein beruhigt. Auf der anderen Seite der Kiez mit seiner ganz anderen Art von Lebendigkeit, und nebenan der Fischmarkt, zu dem jeden Sonntag die Menschen strömten.

Ein wenig Dorf, dennoch inmitten der Stadt, da wo sie besonders bunt und lebendig ist.

Hafenstraße als Heimat, wie bei Josef.

Nachtrag

Ein paar Tage später: Lutz kommt in die VoKü, von Staub bedeckt, sichtlich erschöpft und holt sich Essen. Er sieht mich, geht aber an mir vorbei als sei ich nicht vorhanden. Immerhin haben wir vor nicht einmal einer Woche an die zwei Stunden zusammengesessen und uns intensiv und in Eintracht unterhalten. Es handelt sich hier um ein grundsätzliches Verhalten, eine jener Gepflogenheiten, die für diese Gemeinschaft bezeichnend ist und zu ihrem Überleben beigetragen hat.

HATTO

Ich glaubte, ihm gegenüber ein Pfand in der Hand zu haben, das Buch, das er mir geliehen hatte. Als ich es zurückbringen will, ist er nicht zu Hause. Ein zweites Mal ebenfalls nicht. Als ich ihn endlich antreffe, ist er gerade im Aufbruch, und ich bin mein Pfand los. Einfach bei ihm anklopfen – er wohnt im Erdgeschoß – mag ich nicht.

Wochen vergehen. Einmal ist die Tür bei ihm offen, er sitzt mit Katharina auf dem Sofa, aber sie sind nicht zu sprechen, sie hätten etwas miteinander zu bereden, sagen sie. Dann gelingt es mir, mich mit Hatto für den nächsten Tag zu verabreden, um 14 Uhr. Als ich komme, fragt er, was ich denn hier wolle, steigt auf sein Rad und fährt zum Training. Es scheint ein Affront zu sein, ist es aber nicht.

Man kann sich hier schwer mit jemandem verabreden, niemand legt sich gern fest, Termine werden vermieden oder nicht eingehalten, oder man verspätet sich, so wie damals Josef im Café, und der gehört hier zu den Gewissenhaftesten. Termine verpflichten, und man läßt sich nicht gern verpflichten.

Dann treffe ich Hatto in der VoKü, und was ich so ernstlich erstrebt habe, ergibt sich nun ganz von selbst. Thomas, ein alter Freund, sei bei ihm eingezogen, erzählt er mir. Ob ich ihn kennenlernen wolle? Und so kommt es, daß ich endlich doch wieder in seinem Zimmer sitze. Der Sandsack ist abgehängt, die große Uhr steht, Katharina ist nicht da. Thomas ist gerade aus Indien zurückgekommen. Er hat dort drei Jahre gelebt und ist Buddhist geworden. Die Toleranz und das Undogmatische dieser Lehre hätten ihn angezogen, sagt er. Er glaubt an ein Leben nach dem Tod, an eine mögliche Wiedergeburt, und er zieht daraus moralische Konsequenzen: »Ich bemühe mich, so zu leben und zu handeln, daß ich mich am Ende damit sehen lassen kann.«

Hatto hat Probleme mit dem Glauben. Er entstammt einer Offiziersfamilie protestantisch-preußischer Prägung. »Bei uns betet man in strammer Haltung«, sagt er, und sein Vater bedaure, daß auf den Koppelschlössern der Bundeswehr nicht mehr »Gott mit uns« stehe, wie es seit Gründung des Deutschen Reichs Tradition gewesen sei. Er habe Offizier werden sollen, notfalls auch Pfarrer. Er macht eine Pause, lächelt und meint dann, davon sei er ein wenig abgewichen und hauptberuflicher Hausbesetzer geworden.

Unvermittelt sieht er mich an und fragt: »Glaubst du an Gott?«

Es ist hier nicht ungewöhnlich, persönliche Fragen zu stellen. So hat es Josef ganz normal gefunden, als ich mich nach seinem Drogenproblem erkundigt habe. Will man keine Auskunft geben, läßt man es eben, das ist hier kein Problem. Aber Hattos Frage klingt herausfordernd, und so ist sie auch gemeint. Er hat ein ähnliches Problem mit mir wie Katharina bei meinem ersten Besuch.

»Wenn wir uns mit dir unterhalten, geben wir eine Menge

von uns her«, sagt er und fordert: »Dann müssen wir dir auch harte Fragen stellen dürfen.«

Das sei in Ordnung, gestehe ich ihm zu. Und auch ich sei bereit, offen zu sein. Daß man dies unbedenklich tun könne, hätte ich gleich am ersten Tag bei ihnen gelernt.

Also beantworte ich seine Frage.

Ich berichte von einem einschneidenden Erlebnis in meinem Leben, das meine Einstellung zum Glauben und zu Gott geprägt hat. Ich hatte es als Soldat im Krieg inmitten eines Bombenhagels. Nur ganz wenigen Menschen habe ich bisher davon erzählt.

Die beiden nicken; sie können nachvollziehen, was mir damals geschehen ist, akzeptieren meine Einstellung.

Ich fühle mich erleichtert.

Es hätte keine Rolle gespielt, wozu ich mich bekannt hätte. Es ist gleich, welchen Glauben ich habe, welcher Konfession ich angehöre, ob ich Atheist bin oder an die Weltrevolution glaube oder an gar nichts. Solange man hier offen spricht, wird man akzeptiert. Es zählt der Mensch und nicht das, was er glaubt und meint.

Für Hatto ist Offenheit entscheidend. Ohne sie, sagt er, könne man nicht vernünftig miteinander leben. Er könne durchaus mit einem Rechtsradikalen ein Bier trinken, mit ihm anstoßen und sagen: »Auf unsere Feindschaft!« Er liefert gleich noch einen Beweis seiner Offenheit, zeigt, wie schonungslos er sie gegebenenfalls handhabt.

Jemand klopft, Thomas geht öffnen, ruft über die Schulter zurück, wer draußen steht; darauf Hatto kurz und bündig: »Sag' ihm, ich will ihn nicht sehen.« Und zu mir: »Er versucht es schon den ganzen Tag, aber ich kann ihn heute nicht ertragen.«

Menschenliebe um jeden Preis wird hier nicht praktiziert. Sie wäre mit dem Zwang verbunden, zu jedem nett zu sein. Nicht nur Zwang von außen ist hier unbeliebt.

Aber, sagt Hatto, diese täglichen Auseinandersetzungen kosteten eine Menge Kraft, erforderten Stärke, die man immer wieder aufbringen müsse.

Es dauert Monate, bis ich wieder mit Hatto ins Gespräch

komme. Dafür verbringe ich mit ihm einen ganzen Nachmittag und den halben Abend. Mehr als Katharina bedeute ihm sein Kampfsportverein, gesteht er mir. Seit zehn Jahren ist er dort Mitglied, inzwischen Assistent, hat einige eigene Schüler. Es geht um moderne Selbstverteidigung, historische Schwerttechniken, Stockkampf. Um den nächsten Grad zu erreichen, sitzt er gerade an einer schriftlichen Arbeit: Die historische Wurzel des philippinischen Schwerterkampfs und dessen Bedeutung für die heutige Zeit.

Er zeigt mir Videos: Ausschnitte aus Unterrichtsstunden, Demonstrationen des Meisters mit Schwert, Machete und Stock, und Hatto selbst bei der Abwehr von Gegnern. Er entwaffnet sie, bringt sie zu Boden, zuletzt drei auf einmal.

Der Erfolg sei weniger von körperlicher Kraft abhängig als von der geistigen Einstellung, sagt Hatto. Erste Maxime sei, bei Bedrohung niemals zurückzuweichen, sondern vorwärtszugehen, auf den Gegner zu. Das koste anfangs Überwindung, weil man gegen seinen Fluchtinstinkt handeln müsse. Die zweite Maxime laute: »Der Weg ist das Ziel – und das Ziel ist letztlich der Kopf.«

»Der philippinische Schwerterkampf ist entwickelt worden«, erklärt er mir, »um die spanischen Konquistadoren zu bekämpfen.« Das sei kein Sport, sondern blutiger Ernst gewesen, und vom geistigen Prinzip her sei dies so geblieben. »Das heißt: Jede unserer Aktionen ist ernst gemeint, der Wille zielt auf die Vernichtung des Gegners.« Zu dieser Einstellung müsse man sich durchringen, was häufig Jahre dauere. Der Gewinn sei größere innere Sicherheit, das Gefühl, vor nichts und niemandem Angst haben zu müssen, jeder Situation gewachsen zu sein.

»Fast jeder«, schränkt Hatto ein. Wenn ein Mann mit einer Machete auf ihn losginge, würde er zusehen, schneller laufen zu können als der. Aber sonst... Gerade gestern ist er ein paar Typen vom Kiez begegnet, und die hatten einen Kampfhund dabei. Sein Hund griff den an, und das war in Hattos Augen allein das Problem des Hundes. Die Männer sahen das anders, wurden aggressiv, wollten es ihm zeigen. Und da hat er dann genau das getan, was er gelernt und immer wieder geübt hat.

Er ist einen Schritt auf sie zugegangen und hat gesagt, sie könnten es ja versuchen. Sie haben es nicht versucht.

Er müsse sich nicht mehr prügeln, schon seit langem nicht mehr, jetzt praktiziere er Deeskalation. Das tut er nicht nur im privaten Bereich. Er arbeitet gelegentlich als Portier auf St. Pauli, als Türsteher, Rausschmeißer und zweimal in der Woche als Barmann. Nur ganz selten, sagt er, habe er sich mit einem randalierenden Gast körperlich auseinandersetzen müssen, in der Regel schaffe er solche Leute ohne alle Gewalt.

Ich glaub's ihm; er strahlt etwas aus, was Leute vorsichtig macht.

Ich habe ihn einmal mit einer Gruppe randalierender Jugendlicher umgehen sehen. Sie waren von einem Fußballspiel gekommen und meinten, in der Hafenstraße ein wenig Rabatz machen zu können. Hatto trat ihnen entgegen, hörte sich ihre herausfordernden Reden an und dann ihre Drohungen, was sie alles mit ihm machen würden, und dabei schob sich die Gruppe langsam auf ihn zu. Ebenso langsam kam er ihr entgegen, und dann redete er mit ihnen: gelassen, ruhig und ohne seine Stimme zu erheben. Es dauerte nicht einmal lange, da machten sie kehrt und gingen. Hatto folgte ihnen eine Weile. Einige der jungen Leute drehten sich nach ihm um, Hatto grinste. Praktizierte Deeskalation.

Gewalt sei für ihn ein zentrales Thema, sagt er, und er habe sich immer wieder damit auseinandergesetzt. Nicht zuletzt dadurch, daß er jeden Tag trainiere. Er langt auf einen Balken, holt ein ziemlich langes Schwert herunter. Er schwingt es, zunächst spielerisch, dann holt er aus und schlägt, vor- und zurückspringend, abwechselnd mit links, mit rechts und mit beiden Händen. Bei jedem Hieb zischt die Luft. Zehn Minuten agiert er so – die Wanduhr funktioniert wieder –, und sein Atem geht kaum schneller.

Ich atme hörbar aus. Die Videos haben nur einen sehr schwachen Abglanz dieser Sportart gegeben.

Im Prinzip sei der Mensch ein Tier, meint Hatto, und zählt auf: »Pol Pot, Bosnien, Auschwitz, Palästina. Menschen töten, quälen, foltern, vergewaltigen. Und, auch wenn's niemand wahrhaben will, das Tier ist in uns allen.« Das Problem sei, wie man damit fertig werde.

Er ist auf seine Weise damit fertig geworden. Damals gehörte er zum harten Kern der Autonomen, und nicht wenige Gewalttaten gingen auf sein Konto.

Ich frage ihn nach Thomas. Der ist ausgezogen, obwohl er sich in der Hafenstraße wohl gefühlt hat und es mit Hatto keinerlei persönliche Probleme gab. Der Anlaß: Er hat ihn einmal beim Training beobachtet – nachts. Danach hat er seine Sachen gepackt. Hatto trainiert meist zwischen elf und zwei Uhr in der Nacht. Es gehe dabei nicht lauter zu, als wenn ein Auto vorbeifährt, aber natürlich seien es nicht die Geräusche gewesen, die Thomas vertrieben hätten. »Er hat mich ohne Maske gesehen«, sagt Hatto.

Ein halbnackter tätowierter Mensch, der nachts Schwerter, Stöcke und Macheten zischend durch die Luft sausen läßt und dabei den Eindruck erweckt, er meine es tödlich ernst, kann einem empfindsamen Menschen fraglos aufs Gemüt gehen. Schon bei der kleinen Vorstellung, die Hatto mir gegeben hat, ist mir ein leiser Schauder über den Rücken gelaufen.

Eine Auseinandersetzung anderer Art hatte Hatto im Februar 1995. Zum ersten Mal nach all den Jahren kam es zu einem direkten Kontakt zwischen dem Senator für Stadtentwicklung, Thomas Mirow, und Bewohnern der Hafenstraße. Organisiert hatte dieses Treffen die altehrwürdige Hamburgische »Patriotische Gesellschaft«, gegründet im Jahre 1765 zur »Beförderung der Künste und nützlicher Gewerbe«. Die Veranstaltung fand in Form einer Podiumsdiskussion statt. Der Senator saß schon da, als die beiden Vertreter der Hafenstraße erschienen. Dies sei Margret, er sei Hatto, stellte Hatto sich und seine Begleiterin dem Senator vor und fragte ihn, wie denn er heiße? Nun, antwortete der, er sei der Senator Mirow. Klar, das sei ihm bekannt, antwortete Hatto. Er wollte Mirows Vornamen wissen. Der Senator nannte ihn. »Also gut, Thomas«, sagte Hatto, und die Diskussion begann. Man verhandelte per du.

Ich frage Hatto, ob er den Senator provozieren oder diskreditieren wollte.

»Nein«, sagt er, »aber warum sollten wir uns seinen ge-
sellschaftlichen Gepflogenheiten anpassen?«

»Schön«, erwidere ich, »aber warum sollte der Senator sich
euren Bräuchen anpassen?«

»Mußte er ja nicht.«

»Hat er aber getan.«

Hatto zuckt mit den Schultern. »Das war sein Bier.«

Die Diskussion verlief sachlich, berichtete die Presse; die
Standpunkte hingegen waren unvereinbar. Margret und Hatto
gingen von einem Grundrecht eines jeden Bürgers auf eine
Wohnung aus und forderten für die Hafenstraße ein Recht auf
gemeinschaftliche Selbstbestimmung. Die sollte garantiert
sein. Sie schlugen vor, daß die Stadt die Häuser an eine Genossenschaft überträgt, die von den Bewohnern der Hafenstraße, aber auch von kirchlichen und sozialen Initiativen aus
dem ganzen Stadtteil getragen wird.

Es gibt kein derartiges Grundrecht, und die Forderungen
widersprechen bestehenden Gesetzen. Außerdem erscheinen
sie illusionär. So sah es auch der Senator: »Illusionär und politisch nicht vorstellbar«, antwortete er den beiden. Darüber
hinaus bekundete er: »Eine volle Überführung an die Genossenschaft der Hafenstraße ist für mich politisch nicht tragbar.«

Gut ein Jahr später handelte der Senator einen Vertrag aus,
der faktisch genau das enthielt. Und der wurde rechtskräftig.

LAMM AM SPIESS

Otto lebt von Anfang an hier, ist, wenn man so will, im
Hafen ergraut, und spielt die Rolle eines Mädchen für alles.
Er wohnt im Keller unter dem *Ahoi* zusammen mit seinem
Kater Rübe, der, sagt Otto, ein rechter Schmusekater sei.
Außen am Haus führt eine steile Treppe nach unten zu seinem
Domizil. An der Kellertür hängt ein Schild: *strictly private*.
Sein Zimmer betritt man durch eine schwere Eisentür. Die
Möbel sind einfach: eine Couch, ein Tisch, darüber Regale

mit seiner Anlage, am Boden das Bett, einige bunte Plakate an den Wänden, hinter der Tür ein Ofen. Alles ist sauber und ordentlich. Otto macht eine umfassende Handbewegung: »Was brauch' ich mehr?« Er sagt es mit gewissem Stolz.

Nebenan hat er einen großen Lagerraum, und der ist vollgepackt mit den unterschiedlichsten Sachen. Braucht jemand irgend etwas, Otto hat es – vom Stromaggregat bis zur kleinsten Schraube. Oder er besorgt es, wie beispielsweise den Feuerwehrschlauch, mit dessen Hilfe Lutz den Hang bewässert hat.

Es sieht chaotisch in dem Raum aus, aber Otto findet, was er sucht.

Die an Gerüstrohren hängende alte Badewanne ist sein Werk. Er verbrennt darin Abfallholz, verschimmelte Bretter und Balken, die bei der Sanierung der Häuser anfallen. Aber auch Holz, das er von Firmen bekommt – umsonst, denn andernfalls müßten sie es entsorgen und dafür bezahlen. Die besten Stücke werden ofengerecht zersägt und in der Kiste von Leons Eisenmann gestapelt. Wem das Feuerholz ausgegangen ist, der kann sich hier bedienen. Den Rest verwendet er für Schaufeuer. Im Winter kommen die Leute und wärmen sich daran die Hände, aber auch im Sommer sind sie ein Anziehungspunkt. So ähnlich wie früher einmal die Dorfbrunnen: Man kommt, steht herum und plaudert.

Rüdiger sagt, er sei gerade dabei, die Fensterstürze der Wohnung im ersten Stock zu richten. Die soll Otto bekommen, er müsse endlich heraus aus seinem Keller, meint er. »Und was ist mit dem Schornstein?« will jemand wissen. Irgendwann falle der jemandem auf den Kopf. Er steht in der Tat ziemlich schief. Der komme auch noch dran, stehe auf seiner Liste ganz obenan, versichert Rüdiger.

Ein schwarzer Dealer geht vorbei, sagt »Hi« und verschwindet in einem Gebüsch, um aus seinem »Bunker« Stoff zu holen. Niemand antwortet ihm. Otto hat nichts übrig für die Dealer. »Aber was soll man dagegen tun? Haue ich einem was aufs Maul, bin ich Rassist. Wenn wir was erreichen wollen, müßten wir alle zusammen gegen sie Front machen, jeden Tag und so lange, bis sie es aufgeben. Aber lohnt's die Mühe?«

Ich frage ihn, warum er zum Hafengeburtstag keinen Fisch gegrillt hat. Das wollte er, und zwar für zwei Mark die Portion, damit sei er konkurrenzlos. Aber dann war ihm da viel zu viel Betrieb, alles Fremde. Es hätte sich zwar gelohnt. »Aber nur für den Kommerz? Nee.« Nun soll am Sonnabend ein ganzes Lamm gegrillt werden, nur für die Leute hier, und ich möge bitte kommen. Ich weiß noch nicht so recht, denn wir haben Besuch. Otto apodiktisch: »Das ist eine Einladung.«

Dieser Einladung mußte ich folgen, keine Frage. Unser Besuch hatte Verständnis. Dieses Mal komme ich von der S-Bahn-Station Reeperbahn und muß, um zur Hafenstraße zu gelangen, durch jene Seitenstraßen St. Paulis, die Touristen besser meiden sollten. Den Prostituierten in dieser Ecke ist fast jedes Mittel recht, an einen Freier zu kommen, und auch Jugendliche können unangenehm aufdringlich werden. Obwohl erst früher Abend, gibt es an jeder Ecke schwankende Gestalten, einige grölen, einige pöbeln und sind vulgär. Manche stehen in Gruppen zusammen, und dann empfiehlt es sich, auf die andere Straßenseite zu wechseln. Heute ist es nicht allein mehr der Alkohol, oft werden zusätzlich andere Drogen genommen, und das kann die Leute gefährlich machen.

Eine völlig ausgeflippte Frau ist hier kürzlich auf Otto losgegangen. Um sie sich vom Leibe zu halten, hat er abwehrend seine Hände vorgestreckt, und da hat sie ihn in den Finger gebissen, und zwar derart, daß er sich in der Notfallambulanz des Hafenkrankenhauses behandeln lassen mußte. Sein dick verbundener Finger löste gebührende Heiterkeit aus.

Kommt man von diesem Milieu in die Hafenstraße, wirkt sie geradezu idyllisch, besonders heute.

Über der Badewanne ist ein Drehspieß montiert, noch am Morgen mit einfachsten Mitteln zusammengebaut, funktioniert aber. Das Lamm duftet, der eine oder andere reißt sich schon mal ein Stück von der bereits schön braunen Haut ab. In einer Pfanne mit bemerkenswertem Durchmesser brät Leon Porree und Pilze. In der VoKü wird der Reis gekocht.

Man steht und sitzt herum, auf den Stufen, den Geländern, auf einem alten Sofa, das heute vor der VoKü steht, oder einfach auf dem Boden. Man trinkt Bier, Saft, Sekt oder nichts. Man redet oder redet nicht, wer kommt sagt »Hi«, oder läßt es. Zwei, die sich gut kennen, begrüßen sich durch freundschaftliches Aneinandertippen ihrer Fäuste. Einige wiegen sich im Takt der Musik. Der Sound ist gut. Er kommt aus zwei großen Boxen, die im Kofferraum eines alten Mercedes stehen, der unten auf der Straße geparkt ist. Zwei tanzen. Über der Plattform vor der VoKü ist ein Zelt errichtet, darunter stehen Getränke bereit.

»Guten Abend, Herr Doktor«, begrüßt Otto mich mit freundlicher Herablassung. Lutz bedient den Grill.

Es wimmelt von kleinen Kindern und Hunden, die alle ziemlich groß sind, und manche sehen zum Fürchten aus. Die Kinder kümmert das nicht; es ist unglaublich, was sie alles mit den Tieren anstellen. Ein kleiner Zweijähriger greift einem etwa gleich großen, schwarzen zottelhaarigen Ungetüm namens Puschel ungeniert in sein großes Maul. Ein kleines Mädchen zieht einen kaum kleineren vergnüglich krakeelend am Schwanz; und ein Krabbelkind bemüht sich, Ronnies vierzig Kilo schwere Hundedame Blümchen als Sitzkissen zu benutzen. Die Tiere lassen sich das alles klaglos gefallen, allenfalls entziehen sie sich, wenn es ihnen zu viel wird. In all den Stunden habe ich kein einziges Mal einen Hund knurren hören. Sie sind so erzogen, sagt Ronnie. Viele seien außerdem zusammen mit den Kindern aufgewachsen. Allerdings, fügt er grinsend hinzu, stürben einige früh am Herzinfarkt, und er möchte hier nicht Hund sein.

Tochter Lilo will auf seinen Arm. »Nein«, sagt er, freundlich, aber bestimmt. Hier seien viele Kinder, mit denen sie spielen könne. Anstandslos läßt sie von ihrem Vater ab und nimmt sich einen Roller. Es gibt auch einige Fahrräder, einen Bollerwagen, große und kleine Bälle. Alles Spielzeug wird abwechselnd benutzt, und ich habe kein Kind sagen hören, »geh weg, das ist meins«. Für die meisten Bewohner der Hafenstraße hat Eigentum keine große Bedeutung, Besitz keinen besonderen Wert. Diese Einstellung scheinen sie sehr früh ihren Kindern zu vermitteln.

Nelly, etwa vier Jahre alt, klettert über das Gitter eines Abgangs zum Keller, hangelt dann an einer Stange entlang und schaukelt mit sichtbarer Freude über dem Abgrund. Es sind immerhin gut zwei Meter bis zum Betonboden vor der Kellertür. Niemand kommt angerannt und reißt das Mädchen zurück. Aber man läßt den Vorgang auch nicht unbeachtet. Einer der Männer, die am Gitter lehnen, macht Nelly in aller Ruhe auf die Gefährlichkeit ihres Tuns aufmerksam. »Weiß ich«, sagt sie, »aber ich halt' mich doch fest.« Dennoch unterbindet man ihr Tun. Andere Kinder könnten es ihr nachmachen, wird ihr erklärt, die seien vielleicht weniger geschickt und könnten herunterfallen. Nelly klettert zurück, allerdings widerwillig.

Kurz darauf hängt sich ein kleiner Junge weit aus einem Fenster der VoKü, und von da oben sind es über drei Meter bis auf den Steinboden. Ruhig und gelassen bekommt der Knabe zu hören, er möge sich bitte zurückziehen, denn wenn er falle, sei er tot. Das scheint ihn nicht zu schrecken, er zögert. Fünf Leute gucken erwartungsvoll und mit ernster Miene zu ihm hoch. Er beugt sich der Mehrheit, folgt dem Rat.

Wie die Erwachsenen läßt man auch die Kinder weitgehend gewähren, hat sie aber stets im Auge, und es gibt viele Augen hier. Darum muß keine Mutter ständig hinter ihren Kleinen hinterher rennen, jeder paßt mit auf, was die Atmosphäre sehr entspannt.

Vater Ronnie drückt es auf seine Weise aus: »Wir haben hier nicht viel Streß.«

Eine junge Frau im Punkerlook mit knallroten Haaren und einer giftgrünen Strähne darin entpuppt sich als Mutter dreier Kinder und Besitzerin eines großen Hundes, eben jenes Puschel, in dessen Maul der Zweijährige gelangt hatte. Auf dem Sofa vor der VoKü wickelt sie ihr Jüngstes. Ein dabeistehender Mann, nicht aber der ihre, nimmt die volle Windel, geht und steckt sie in den Ascheimer. Daneben sitzt eine andere Mutter und stillt ihren Säugling.

Das Lamm ist gar, die Beilagen sind es auch. Jemand verteilt Teller und Gabeln, aber als erstes werden die Kinder abgefüttert, die alle zusammen unter dem Zelt sitzen. Nichts scheint organisiert, aber am Ende klappt alles, man ist offenbar aufeinander eingespielt, und so hat jeder seinen Spaß.

Um zehn befindet Ronnie, seine Kinder müßten ins Bett. »Sagt Tschau und Gute Nacht«, fordert er sie auf, und das tun sie: erst bei Onkel Leon, dann bei Jill und schließlich bei Lukas. »Nun Zähne putzen und dann ins Bett«, gebietet der Vater, und die beiden Mädchen trollen sich. Kein Protestgeschrei, kein Quengeln.

LEBEN UND TREIBEN IN DER VOKÜ

Ich komme aus dem Café, will in die VoKü und fühle mich inzwischen schon so sicher, daß ich nicht mehr tue, was ich bisher immer getan habe: Ich schaue mich nicht um, als ich aus der Tür trete. Da schiebt mir jemand von hinten die Mütze ins Gesicht und schimpft mich Chaoten-Opa. Ohne weitere Überlegung drehe ich mich um, tue mit dem Jüngling das gleiche und sehe mich nun einer Gruppe mir unfreundlich gesinnter Jugendlicher gegenüber: Touristen, der Sprache nach aus Süddeutschland. Jetzt müßte ich Hattos Rat beherzigen und einen Schritt auf sie zugehen, aber das ist, wie ich feststelle, wahrhaftig nicht einfach. Immerhin bleibe ich kurz stehen und schaue sie an; dann drehe ich mich um und gehe weiter. Schön langsam, um zumindest nicht den Eindruck des Flüchtens zu erwecken, und gelange unangefochten in die VoKü.

Lukas macht heute hier Dienst. Ich setze mich an den Tresen. Er hat sich offenbar mit Lutz über Sauberkeit unterhalten und meint: Der moderne Anspruch, alles müsse clean, cleaner, am cleansten sein, sei Quatsch. Je mehr Hygiene, desto mehr Allergien gebe es, und hier sei niemand allergisch. Er wischt mit einem Lappen über den Tresen, den eine gute Hausfrau vermutlich nur noch entsorgen würde, und wirft ihn in die Spüle. Ich bestelle erst einmal einen Kaffee.

Ein junger Mann mit langen, schwarzen Haaren und in abgerissenen Jeans möchte essen. Er habe im Augenblick aber keine Kohle, sagt er. Lukas fragt »Wieso?«

Er sei versackt, die Sozi weg, einen Job habe er nicht gefunden und den ganzen Tag nichts gegessen.

»Kannst du dir nicht irgendwo was schnorren?«

Habe er schon versucht, leider ohne Erfolg.

Lukas seufzt und geht an den Herd, um ihm aufzufüllen.

Huhn möge er aber nicht, sagt der Hungrige, »und bitte nicht so viel Möhren, dafür lieber mehr von dem Currygemüse.«

Lukas akzeptiert die Sonderwünsche; der Mann bekommt, was er verlangt hat.

Rudi hat in einem ähnlichen Fall keinerlei Fragen gestellt und festgestellt: Wenn einer sein Essen nicht umsonst kriegen kann, wenn er gerade keine Kohle hat, wolle er hier nicht mehr leben.

Einmal glaubte ich, Josef fehlten die fünf Mark fürs Essen. Ich traf ihn im Café und fragte ihn, ob er mit in die VoKü komme. Er habe keinen Hunger, erwiderte er, aber ich glaubte ihm nicht recht. Einladen mochte ich ihn aber auch nicht, weil ich fürchtete, seinen Stolz zu verletzen. Ich erzählte das Holger, und der meinte, bevor Josef verhungert, werde er sich schon melden. Josef habe selbst schon VoKü gemacht oder Café und wisse, daß er Essen bekommt.

»Vielleicht traut er sich nur nicht«, wendete ich ein.

Das sei sein Problem. Sie hülfen schon mal aus, aber eine Sozialstation seien sie nicht.

Ich hatte mir ganz unnütz Gedanken gemacht. Josef war tatsächlich satt, die Kinder hatten ihm einen Topf Linsensuppe mitgebracht.

Besucher

An einem Tisch sitzen fünf junge Journalisten, vier Männer und eine Frau – sagen wir mal, alternative Journalisten, sonst wären sie kaum hier. Sie haben gegessen, sind beim abschließenden Kaffee und diskutieren über die Gründung einer neuen Zeitschrift. Ich setze mich zu ihnen und bringe nach einiger Zeit das Gespräch aufs Thema Hafenstraße. Eine bemerkenswerte Gesellschaft, sage ich, lebten herrschaftsfrei und hinreichend friedlich.

»Herrschaftsfrei? Gibt es nicht«, urteilt einer von ihnen, denn ohne Hierarchie gehe nun einmal nichts. Und wenn nicht einer das Sagen habe, dann eben eine Gruppe. Einige werden sich immer nach vorn drängen, Sprecher oder was auch immer werden.

»Und friedliches Zusammenleben?« fährt er fort, wenn man allein an die verschiedenen Ansichten denkt, die Leute über Sauberkeit und Ordnung haben, seien Ärger, Streit und Unfrieden programmiert. Er würde in die Luft gehen, wenn jemand ihm nicht abgewaschenes Geschirr hinterließe.

Oder die Einstellung zu notwendigen Pflichten, zu dem, was nun einmal gemacht werden muß. Auch da hätten die Leute unterschiedliche Ansprüche und Normen, was zwangsläufig zu Spannungen führe. Bestenfalls laufe es darauf hinaus, daß einige die Arbeit machen und andere nicht, was auf die Dauer auch nicht gutgehen könne. Und das seien nur Äußerlichkeiten. Darüber hinaus müsse man auch noch menschlich und emotional miteinander auskommen, womit sich schon Paare schwer tun. In einer Gruppe vervielfältigten sich zwangsläufig die Probleme.

Sein Fazit: Alternatives Leben sei eine recht hübsche Theorie, in der Praxis funktioniere es ganz einfach nicht, könne nicht funktionieren. Beispiele dafür gebe es genug.

Generell mag das zutreffen, stimme ich ihm zu, in der Hafenstraße seien jedoch die Rahmenbedingungen anders. Was gemeinhin zu Schwierigkeiten führe, dafür fehle den Leuten hier ganz einfach das Motiv. So bedeuten ihnen Macht und Prestige so gut wie gar nichts, also gibt es kaum Führungsanspruch. Und wo er sich zeigt, werde er gebremst. Besitz und Konsum zählten hier auch nicht, so daß es für Mißgunst und Neid nur wenig Anlaß gebe. Darüber hinaus sei das Kontaktverhalten der Leute hier derart, daß emotionaler Clinch durchweg vermieden werde.

»Gefühle gelten hier in der Regel nur für den Augenblick, verpflichten zu nichts weiterem.«

Der Journalist schüttelt den Kopf, ist nicht überzeugt, seine Kollegen sind ebenfalls skeptisch, nur die Frau erscheint nachdenklich.

Ich gehe in die Küche, um meinen Teller abzugeben. Es ist niemand da, trotzdem läuft der Betrieb weiter. Die Leute bedienen sich selbst, und wer gehen will, zahlt in den Schuhkarton. Auf der Theke glimmt ein Räucherstäbchen und verbreitet Aroma. Es steckt in einem Stück Ananas, das im Aschbecher liegt. Hanno kommt, fünf Mark kostet mein Essen, ich habe aber nur einen Zwanziger. »Bediene dich«, sagt er und weist auf den Karton. Ich nehme mir fünfzehn Mark Wechselgeld heraus. Er macht sich an den Abwasch. Die Frau, die an unserem Tisch gesessen hat, stellt einen Stapel Teller neben ihn. »Kann ich dir helfen?« fragt sie Hanno. Wenn sie wolle, könne sie die Vorwäsche machen, sagt er, und nun arbeiten sie zu zweit.

Am Tresen sitzt Ronnie, er hat die kleine Lilo auf dem Schoß, sie schläft. Seine andere Tochter sitzt auf einem Barhocker und spielt Karussell. Ein Nachbarsjunge wirft Stöckchen für Blümchen. In diesem Augenblick betritt ein Besucher mit einem Hund die VoKü. Der reißt sich los, stürzt sich auf Blümchen, und die beiden Hunde fallen derart über einander her, daß ich mich erschrecke. Ich frage mich, wie die Kinder darauf reagieren? Lilo ist aufgewacht, steckt sich den Schnuller in den Mund und sieht gelassen auf die wilde Beißerei. Nicht anders Santina. Der Besucher schreit seinen Hund an, was nichts nützt. Ronnie setzt Lilo auf den Tresen, schnappt sich Blümchen und zieht sie zurück, wobei er beruhigend auf das Tier einredet. Der Besucher tut es ihm nach, und so endet der Kampf.

Es habe keinen Zweck, mit den Tieren zu schimpfen, sagt Ronnie, es sei nun einmal die Art der Hunde, miteinander zu kämpfen. Die dürfe man ihnen nicht verbieten. Beibringen müsse man ihnen allerdings, sich nicht derart auf einen Menschen zu stürzen.

Neben mir sitzt Leon und bestellt ein weiteres Bier. Hanno schüttelt den Kopf. »Nanu?« frage ich, »Restriktionen?«

»Gewiß«, erklärt Hanno, »ab 1,5 Promille hat Leon Alkoholverbot, dann gibt's für ihn nur noch Apfelsaft mit Wasser.« Ich möchte wissen, von wem denn diese rigide Anweisung stammt. »Na, von uns allen«, antwortet Hanno. Aber dann grinst er, holt eine Flasche Bier aus dem Kühlschrank und stellt sie vor Leon hin.

Der hat heute Grund zum Feiern. Sein Kleiderentwurf ist prämiiert worden, und zwar bei einer exklusiven Modenschau zu Gunsten der Aidshilfe. Immerhin neben Entwürfen von Toni Gard, Hugo Boss und anderen bekannten Designern. Leon firmierte unter »Hafenstraßenkultur Hamburg«.

»Ich habe neben dem Polizeipräsidenten gesessen«, gesteht er und kichert. Mir verspricht er einen Prospekt, er würde auch etwas hineinschreiben für mich. Als ich mich verabschiede, fordert Leon mich auf, am Mittwoch unbedingt zu kommen, er werde etwas ganz Besonderes kochen.

Er hat nicht zuviel versprochen. Es gibt Reis mit Rosinen, Hühnerbeine, Currysoße, dazu einen Salat, als Nachtisch einen Bratapfel mit Vanillesoße und als Krönung obendrauf einen Klecks Schlagsahne mit einem Schokoladenplätzchen.

Diese besondere Mühe gilt vermutlich Jeff. Er sitzt am Tresen, ist Amerikaner, stammt aus Nebraska. Leon hat ihn in Amsterdam getroffen. »Hab' mich in ihn verliebt und ihn gleich mitgenommen«, erzählt er, und nun wohne er bei ihm.

Wie er sich denn hier fühle, frage ich den Amerikaner. »Oh, pretty good«, antwortet er. »They are all like a big family.«

Jeff schwärmt vom Indianerreservat, das er kürzlich besucht hat. Die Leute dort hätten keine Uhren, nicht einmal Geld – »and hence no stress«. Fast alles machten sie selbst, fischten mit Spießen im glasklaren Wasser, gerbten Leder, flöchten bildschöne Körbe. Und sie rauchten Gras – pur, ohne Tabak. Das sei überhaupt die beste Methode, meint er, denn schon Nikotin sei bedenklich, harte Drogen ohnehin. »No drugs«, schließt er sein Statement, holt sein Equipment heraus und beginnt, einen Joint zu bauen.

Gesprächsrunde

Nachdem der Betrieb nachgelassen hat und das Geschirr abgewaschen ist, finden sich ein paar Leute an einem Tisch zusammen:

Leon, Jeff, Ronnie und zwei Besucher. Sie sehen abenteuerlich aus: metallverzierter Lederdress, breite Ledermanschetten mit Silbernägeln, schwere Militärstiefel. Das ist Tommy. Sein Outfit ist zum Teil Berufskleidung. Er betreibt ein Geschäft im Karo-Viertel: Lederkleidung, einschlägige Accessoires, Wasserpfeifen.

Bastian heißt der zweite, ein Exfreund von Leon und ein Punk, wie er schriller kaum sein könnte. Seine Irokesenfrisur ist quittegrün gefärbt.

Er hatte keinen guten Tag heute, ist überfallen worden. Zwei Männer haben ihn in ein Gebüsch gezerrt und versucht, ihn zu vergewaltigen. Wer aussehe wie er, warte doch geradezu darauf, so behandelt zu werden, hatten sie gemeint. Mit Mühe ist Bastian ihnen entkommen. Es sei widerlich gewesen und entwürdigend, sagt er, und zwar in bester deutscher Hochsprache. Bastians Vater ist Regierungsrat. Seine Eltern waren entsetzt, als sie der gleichgeschlechtlichen Neigungen ihres Sohnes gewahr wurden. Der Vater hatte keinerlei Verständnis, die Mutter hat gesagt, es täte ihr unendlich leid, aber sie könne ihn nicht mehr lieben. Bastian brach sein Studium ab, zog zu Hause aus, schloß sich der Schwulenszene an, kellnert in einer einschlägigen Kneipe.

»Ich wollte es so«, sagt er, »ich bin's zufrieden.«

Tommy hatte Ärger mit einem Vegetarier. Von ihm aus könne jeder essen, was er wolle, ist er der Meinung, aber der Spaß höre auf, wenn jemand eine Ideologie daraus mache. Habe ihn doch gestern einer von diesen Leuten angemacht, weil er mit einem Löffel, der im Gulasch gesteckt hat, Gemüse genommen habe.

»Nun sei das ganze Gemüse vergiftet, hat der doch glatt behauptet. Am liebsten hätte ich ihm eine gescheuert.« Er schüttelt den Kopf. Ideologie sei Scheiße, egal ob links, rechts, grün oder sonst woher. Sie mache die Leute eng und böse.

»Auf Ideologen bin ich hier nur selten gestoßen«, sage ich.

In der Hafenstraße sei man eben zum alten Denken zurückgekehrt – Denken ohne Zwänge, befindet Bastian.

Nick hat sich zu uns gesetzt. Ich kenne ihn vom Sehen, er wohnt hier. »Warum so kompliziert?« fragt er. Gut essen und keine Regeln, mehr brauche er nicht.

»Und ab und zu einen Joint«, ergänzt Ronnie, der gerade dabei ist, einen zu bauen. »Öffnet den Geist, fördert die Kommunikation, bringt die Leute einander näher. Was ist dagegen Alkohol?« Er steht auf und macht einen Besoffenen nach – geradezu bühnenreif. »Das bewirkt Alkohol«, verkündet er; »die Leute hängen da, lallen wie die Säuglinge, gehen dann nach Hause und prügeln Frau und Kinder.« Und wer einmal abhängig werde, den könne man vergessen. Aber diese Droge ist legal, empört er sich.

Seine Tante, erzählt er, habe jahrelang Beruhigungsmittel nehmen müssen, alles giftiges Zeug. Nun kiffe sie, es geht ihr gut und obendrein sei er nun ihr Liebling.

Er zündet den Joint an einer Kerze an. Sie ist direkt auf die Tischplatte geklebt.

»Meine Tante hat mich enterbt, als ich in die Hafenstraße gezogen bin«, sagt Nick; »und nachdem sie mich in der Zeitung auf einem Bild hinter den brennenden Barrikaden gesehen hat, redet sie nicht einmal mehr mit mir.« Er und Leon ergehen sich in Erinnerungen an die heißen Zeiten im Hafen. Die Bullen hatten drei Wohnungen geräumt, alles aus dem Fenster geschmissen und eine Katze totgeschlagen.

Sie haben es ihnen aber heimgezahlt. »Hatten hinterher nicht mehr viel Freude an ihrem Streifenwagen«, sagt Nick.

Oder wie sie die Laternen abgeflext und dann den Schaltkasten zerstört haben, die ganze Hafenstraße ist dunkel gewesen. Oder wie sie das Büro gegenüber ausgeräumt und den Tresor aufgebrochen haben. »Hat sich richtig gelohnt«, meint Leon, »waren nur Akten drin. Und ein 100-$-Schein, und der war falsch.«

Eine Frau mit Bernhardiner kommt herein, setzt sich zu uns – Sue: klein, drahtig, rotes Stoppelhaar, grüne Nägel und mit einem Haufen Ketten behangen. Sie entwirft Schmuck, spielt in einer Band Klarinette und manchmal Theater. Sie redet pau senlos, wechselt dabei zwischen Hochdeutsch, Bayrisch und Sächsisch, geht dann über ins Englische, und zwar in einen schauerlichen Cockneydialekt. Jeff amüsiert sich köstlich, antwortet ihr im breitesten US-Slang, und die beiden liefern sich einen linguistisch bemerkenswerten Dialog.

Ronnie reicht ihr den Joint, aber Sue lehnt ab; sie habe heute »no bloody Bock« auf Hasch. Sie hat Ärger in ihrer Wohnung. Sie wohnt in einem Hochhaus, über ihr eine Frau, die immer schreit, und neben ihr eine türkische Großfamilie, die vornehmlich nachts ihre Feste feiert.

Warum sie denn nicht in die Hafenstraße ziehe, frage ich sie.

»Hierher? Good heavens, no!« Hier lebten doch lauter irre Typen.

Ich nehme den Joint, den sie abgelehnt hat. Sie starrt mich an und fragt, wieso ich alter Mann Hasch rauche. Vor lauter Überraschung spricht sie ganz normales Deutsch.

Kein einziges Mal habe ich erlebt, daß Bewohner der Hafenstraße Überraschung gezeigt hätten. An Gründen dafür hätte es wahrlich nicht gefehlt. Sue wäre beispielsweise ein solcher Grund.

Otto kommt herein. Ich biete ihm meinen Platz an, denn ich gehe.

Was ich denn Zuhause wolle? fragt er.

Ich bleibe noch bei Jill hängen. Sie betreut heute zwei Brüder, deren Eltern eine Verabredung haben. Von denen werde ich nun »verhört«. Was ich dauernd hier mache, ich wohnte doch nicht in der Hafenstraße? will Jan (10) wissen.

Ich käme wegen des guten Essens, antworte ich ihm.

Wo ich denn wohne, fragt nun sein Bruder Torsten (13). Ich erzähl's ihm. »So weit weg? Und dann nur wegen des Essens?« Er glaubt mir nicht, und auch Jan guckt skeptisch.

Vielleicht käme ich, weil hier so nette Leute wohnen, meint Jill. Das kaufen ihr die beiden aber auch nicht ab. Ich sage ihnen also, was mich in die Hafenstraße treibt, und damit sind sie zufrieden. Allerdings werde ich ermahnt. »Wehe du schreibst etwas Schlechtes über uns«, sagt Jan.

Bayerische Woche

Eine dem Anlaß entsprechend blau-weiß umrandete Tafel an der Tür der VoKü verkündet das heutige Menü: Salat, Knödel, Lammgulasch, Ananassauerkraut (sechs Mark). Ferner sind zu haben: Zwetschgenknödel, Kaiserschmarren und drei Sorten bayerisches Bier.

Die VoKü ist aufgeräumt, dazu etwas gründlicher sauber gemacht. Und ein neuer Herd ist da, kein wirklich neuer, der würde zu viel kosten. Das gute Stück fand sich in einem Keller. Lutz und Rüdiger haben eine Nacht daran gearbeitet und ihn technisch auf den neuesten Stand gebracht: oben Gas, der Backofen elektrisch.

Über der Plattform vor der VoKü ist ein Zelt errichtet, geschmückt mit Lichterkette und blau-weißen Luftballons, darunter Tische und Bänke. Man sitzt aber auch auf den Stufen und den Geländern, trinkt Bier, Saft, Sekt oder nichts: Erwachsene, Kinder, Jugendliche, Einwohner und Nachbarn, auch der Pastor ist gekommen. Das Wetter ist dem Unternehmen gewogen: Die Sonne scheint.

Ein Grauhaariger, den ich nicht kenne, schleppt Bier- und Colakisten, lacht dabei und scherzt. Fröhlichkeit müsse sein, sagt er, er sei Rheinländer. Fragt, ob ich auch so gern hier sei? Es ist Ronnies Vater. Er habe alles mitgemacht, schwärmt er, sei bei den Demos dabei gewesen und auch in Wackersdorf. Er schnappt sich ein Sechserpack Bier und wirft es Leon rüber.

Jill setzt sich einen Augenblick zu mir. Zur Feier des Tages trägt sie ein langes, helles Kleid und sieht darin aus wie der leibhaftige Frühling. »Eigentlich«, sagt sie, »wollte ich mit Männern ja nichts mehr zu tun haben.«

Sie hat eine ziemliche Enttäuschung hinter sich, ihr Freund hat sie beklaut, und zwar richtig beklaut. Er hatte das schon früher gemacht, schon als Junge, aber sie hat nichts davon gewußt.

»Und dann kam der Frühling«, sagt Jill und hebt die Schultern. Ich schaue sie fragend an. »Björn, mein ›Chef‹, der Lockenkopf«, verrät sie, und sie sieht noch einen Hauch hübscher aus. Björn ist Klempner, sie arbeitet in seinem Team.

Mit ihm und noch zwei weiteren haben sie in 14 Tagen die Heizung in Haus 116 eingebaut. Das war harte Arbeit. Ich habe Jill nach einem solchen Tag in der VoKü gesehen. Abgekämpft und schmutzig saß sie über ihrem Essen. Sie sei erschöpft von der Arbeit und dem Gemeinschaftsleben, erklärte sie.

Zwei Touristinnen mittleren Alters kommen bei uns vorbei. Sie sehen an der Fassade von 116 hoch, schauen dann kurz in den Eingang, und dann sagt die eine: »Schrecklich.« »Abscheulich«, bestätigt die andere. Ihre Schritte beschleunigend gehen sie weiter und dann die Balduintreppe hinauf.

Ein junges Paar hingegen scheint sich hier wohl zu fühlen. Sie heftet ihm ein rotes Herz an die Brust; er küßt sie. Und dann lassen sie sich die Zwetschgenknödel schmecken.

Gerd diskutiert mit Inge über einen umstrittenen Sänger, den er sehr schätzt, und er möchte ihr gern eine CD von ihm leihen. Gerd lahmt, und ein Auge sitzt auch nicht ganz an der richtigen Stelle. Hier spielt das keine Rolle, er gilt nicht mehr und nicht weniger als jeder andere auch.

Unten auf der Straße hält ein Mercedes, ihm entsteigt eine Dame in elegantem Blazer, gefolgt von einem jüngeren Paar. Die drei gehen nicht die Balduintreppe hoch, wie ich vermutet hätte. Nein, sie biegen rechts ab, nehmen unter dem Zelt Platz und plaudern miteinander, als säßen sie auf der Terrasse des Alsterpavillons. Ich setze mich zu ihnen und werde umgehend aufgeklärt, wer sie sind.

Sie sei die Mama von Lukas, stellt sich die Dame vor, und, auf die beiden anderen weisend, das seien ihre Tochter und ihr Schwiegersohn. Sie macht gutbürgerliche Konversation, an diesem Ort ein echtes Kontrastprogramm.

Olaf erscheint, wieder mit seinem obligatorischen Kopftuch. Zu ihm ist sie unfreundlich, wirft ihm harsch vor, ihrem Sohn eine telefonische Bestellung nicht ausgerichtet zu haben.

Er habe es vergessen, erklärt Olaf lakonisch.

Mama gibt sich damit nicht zufrieden. Ob sie denn keinen Notizblock neben dem Telefon liegen hätten, will sie wissen?

Olaf schüttelt den Kopf. Das Telefon steht oben im letzten

unbewohnten Stockwerk einsam und verlassen auf einem staubigen Stuhl

»Ich könnte euch ja eines kaufen«, schlägt sie vor.

Olaf lehnt dankend ab.

Die Tochter erzählt von ihrem letzten Urlaub in der Toskana, wird aber bald von ihrer Mutter unterbrochen, die von ihren Erfahrungen in Griechenland berichtet. Der Schwiegersohn kommt nicht zu Wort. Mama beherrscht die Runde.

Langsam wird sie jedoch unruhig und verlangt ungeduldig nach ihrem Sohn. Man sagt ihm Bescheid. Lukas kommt.

Er wisse doch, daß sie Kaiserschmarren haben wolle, und er möge doch bitte nun auch dafür sorgen, daß sie ihn bekäme. Die VoKü sei furchtbar überfüllt, sie verspüre wenig Lust, sich dort durch die Menge zu drängen.

Lukas bleibt gelassen wie Olaf. Er sagt gar nichts, weist nur auf den Eingang, und dort erscheinen Ronnie und Hanno, bringen die gefüllten Teller für die Drei heraus.

Nun beschwert Mutter sich, daß ein Stuhl fehlt, meint aber dann, Lukas könne ja auf ihrem Schoß sitzen.

Lukas macht von diesem Angebot keinen Gebrauch. Er pfeift auf zwei Fingern, oben öffnet sich ein Fenster. »Stuhl!« ruft er, und umgehend wird einer heruntergeworfen. Lukas fängt ihn auf, stellt ihn an den Tisch und nimmt Platz. Ich kann mir irgendwie vorstellen, warum er in die Hafenstraße gezogen ist.

Als es dunkel wird, entfacht Otto ein Schaufeuer. Er hat seine Badewanne zur VoKü gerückt und verbrennt darin Paletten.

Inzwischen besitze er einen Mietvertrag für die neue Wohnung, erzählt er, aber ob sie noch in diesem Jahr fertig werde, sei nicht gewiß. Er habe heute Schutt weggeräumt, den Hang sauber gemacht, und Flieder gepflanzt. Den müsse ich mir ansehen.

Polterabend

Zwei der eigenen Leute haben Hausverbot. Es ist ihnen untersagt, die VoKü zu betreten. Das ist einmalig in der Hafenstraße. Und dieses Mal kein Scherz.

Jill und Björn trifft dieses Verbot. Allerdings aus gutem Grund – gut im wahren Sinne des Wortes.

Mich betrifft das Verdikt nicht, also schau ich rein in die VoKü. Sie erstrahlt in unwahrscheinlichem Glanz. Die Decke ist ein Farbenmeer, Luftballons, bunte Girlanden, Lichterketten.

Jill und Björn werden morgen heiraten. Die Ausschmückung ist Leons Werk.

»Wenn wir hier schon mal Polterabend feiern, dann auch richtig«, sagt er.

Er hat alles allein gemacht, die ganze Nacht daran gearbeitet, und er ist noch nicht fertig. Ich stehe da und bewundere die Pracht.

»Ja«, sagt Ronnie, »Leon ist nicht schlecht – wenn er sich denn mal aufrafft und den Arsch hochkriegt.«

Leon erklärt, wie es am Abend aussehen wird:

»Ein Büfett an der rechten Seite. Auf einem Podest eine richtig eingedeckte Tafel für die älteren Gäste. Mit weißen Tischtüchern, versteht sich.«

»Bettücher«, bemerkt Ronnie.

Leon ignoriert den Einwand und fährt fort: »Hier wird es ein Fünf-Gänge-Menü geben. Unter die Fenster kommt das Büfett für die Kinder, inklusive einer Saftbar.«

Als es soweit ist, brennen Dutzende von Kerzen – bunte Teelichte auf großen Tellern. Die ersten Gäste sind da, Ronnie holt das Paar. Beim Anblick des geschmückten Raumes kommen Jill die Tränen.

Später sagt sie mir, in ihrem ganzen Leben habe noch nie jemand so viel für sie getan.

DIE HUNDERTSECHZEHNER

Sind sie nun die konsequenteste Kommune Europas oder doch nur ein Haufen gescheiterter Existenzen? Jedenfalls leben sie hier so, wie man Kindern seit 200 Jahren gepredigt hat, nicht zu leben.

Zwei Türen führen in ihr Haus. Durch die erste gelangt man in einen Vorraum, rechts geht es in die VoKü, geradeaus ins Haus. Beide Türen sind armiert und daher entsprechend dick und schwer. Manche Kettensäge ist an ihnen gescheitert. Eine altersschwache Treppe führt nach oben. Das Geländer ist wackelig und teilweise gar nicht vorhanden. In jedem Stockwerk steckt in altertümlichen Fassungen eine nackte Glühbirne; die Zuleitungen hängen durch. Aber es gibt ein Dreiminutenlicht. Wo der Putz nicht abgefallen ist, sind die Wände wild bemalt und mit Plakaten und Flugblättern beklebt. Überall liegt Gerümpel herum. Auf einer Fensterbank steht eine Vase mit Blumen, die vor vier Wochen frisch gewesen sein mochten. An Leons pechschwarzer Tür hängt an einer grünen Kordel ein Paar rosa gefärbte Boxhandschuhe. Auf Biggis Tür ist in einem großen, roten Dreieck zu lesen: »Hier wohnen Biggi und ...«. Der Name des Mannes, der hier einmal gestanden hat, ist schwarz übermalt – Ende einer Beziehung.

Im dritten Stock hängt ein aus einer Zeitung herausgerissenes Blatt an der Wand. Überschrift: »Im Jahre 3000«, darunter: »Unfaßbar: Hafenstraße für immer« und dazu das folgende Bild: Ein Schiff der Hafenrundfahrt auf dem Weg durch den Hamburger Hafen, aber es stehen nur noch die Häuser der Hafenstraße. Der Kommentar: »Hier soll es mal eine Stadt gegeben haben, die ein ziemliches Problem hatte.«

Im August 1985 ist das Treppenhaus von 116 Schauplatz einer spannungsvollen Begegnung der Bewohner mit einem Polizisten gewesen. Die Polizei hatte das Haus durchsucht. Dieses Mal nicht im Rahmen einer Amtshilfe, sondern in Verfolgung einer Straftat. Aus dem Hause waren Autofahrer geblendet worden, hatte die Besatzung eines Streifenwagens gemeldet. Daraufhin fuhren 25 Polizeiwagen vor, dazu Kräfte des Mobilen Einsatzkommandos. Der Täter wurde ermittelt. Er hatte mit einer ganz normalen Blitzlichtkamera aus einem Fenster fotografiert. Seine Personalien wurden aufgenommen. Als der letzte Polizist das Haus verlassen wollte, hielt ihn eine Gruppe von Hausbewohnern auf, um mit ihm zu diskutieren. Er sah aus, als sei er frisch von der Polizeischule gekommen. Nun stand er hier im dunklen Flur dieser Gruppe bedrohlich wirkender Leute gegenüber. Er kämpfte sich vor zum Ausgang. »Öffnen Sie sofort die Tür!« forderte er. Niemand reagierte. Sie hätten ihn eingeschlossen, das sei Behinderung im Amt und Widerstand gegen die Staatsgewalt, rief der Polizist und wiederholte seine Forderung. Die Leute rührten sich nicht, standen da mit unbewegter Miene und schwiegen. Der Beamte, zunehmend nervöser geworden, zog schließlich seine Waffe. Da endlich regten sich die Leute. Sie lachten. Und dann sagte Olaf mit seiner leisen Stimme: »Wir haben Sie nicht eingeschlossen«; und Leon ging zur Tür, öffnete sie mit einem kräftigen Ruck und erklärte: »Sie klemmt ein bißchen, wissen Sie.«

Leon
Sein Zimmer liegt im dritten Stock, laut spielt ein Radio, alles liegt und steht herum, in erster Linie Bilder. In der Mitte des Zimmers steht auf rohen Holzständern ein Schlafpodest, wie es viele hier haben.

Leon lief mit sechzehn Jahren von Zuhause fort – nicht, weil seine Eltern ihn schlecht behandelt hätten. Er wollte einfach fort, frei sein. Er ging nach Berlin, schloß sich der Hausbesetzerszene an, kam später nach Hamburg, erlebte 1987 die Krise in der Hafenstraße.

Er ist gerade aus einem Geschäft ausgestiegen, das er zusammen mit drei anderen geführt hat. Nun ist er arbeitslos, aber erleichtert. »Glücklich zurück im Hafen«, sagt er. Er zeigt mir seine Bilder, große und kleine, Collagen und Skizzen. Ferner witzig bemalte T-Shirts, einen ganzen Korb voll. »Alles Unikate.« Er würde sie nie kommerziell herstellen lassen, er verkaufe sich nicht an die Industrie. Filme hat er auch schon gemacht. Und den sechs Meter hohen Mann aus der Kiste – ein Symbol der Befreiung. Er will raus aus der Kiste, heraus aus der Enge, wie immer sie beschaffen sein mag. Nur noch mit einem Bein steht er darin, ansonsten hat er sich befreit und reckt die langen Arme gen Himmel – kein Leben in der Kiste.

»Für die Behörden war die Figur nichts als Schrott – aber was ist Kunst?« fragt Leon und beantwortet die Frage selbst: Kunst ist, was die Experten dazu erklären. Objektive Kriterien gäbe es nicht, meint er. Für ihn ist Kunst gut, wenn sie gesellschaftlich etwas bewegt. Das, sagt er, vermag sie weit besser als Vermummte, die auf Demos mit Steinen werfen.

Was ihn betrifft, meint er: »Ich muß etwas geben, sonst lebe ich nicht.« Die finanzielle Seite interessiert ihn nicht. Gelegentlich verkaufe er das eine oder andere. Er brauche nicht viel zum Leben.

Im Augenblick ist er ganz und gar von einem Projekt erfüllt, das auch keinerlei Gewinn verspricht. Er plant ein 13,5 m hohes stählernes Standbild. Gegen Stahl sind Wasserwerfer machtlos, meint er. Er kramt Papier hervor und zeichnet für mich eine Skizze: Ein Mensch mit dreieckigem Gesicht im Handstand. Auf den gekreuzten Beinen balanciert er einen riesigen Reifen. Der Titel: *Kopfstand gegen die Verlogenheit*, Leons Beitrag zur demnächst stattfindenden Landtagswahl in Hamburg. Einen Tag danach soll es an exponierter Stelle in einer Nacht- und Nebelaktion aufgestellt werden, und zwar so, daß es auf ein in Leons Augen belangloses städtisches Kunstwerk seinen Schatten wirft. »Kunst als Herausforderung, denn was soll er nun tun, der frisch gebackene Bürgermeister? Wegräumen lassen? Gar nicht so einfach, das Ding wiegt mehrere Tonnen. Zersägen? Innen ist es mit Draht und Teer versehen, das macht Sägen zu schaffen. Und wir feiern auf der Wiese davor ein großes Fest.«

Es ist Essenszeit; Leon nimmt mich mit in die Küche – in die Küche, die ihresgleichen sucht. Selbst etliche andere Bewohner der Hafenstraße halten sie für reichlich chaotisch. Ein Tresen teilt den Raum, er ist aus roten Ziegeln gemauert, ein massives Holzbrett deckt ihn ab. Es steht voll schmutzigen Geschirrs und einer Menge anderer Utensilien, darunter ein freundlich lächelnder Mönch aus Plastik, der sich seinen dicken Bauch hält. Auf der anderen Seite des Raumes befindet sich eine überdimensionale Liegestatt, auf der etliche Leute Platz haben und sich ausstrecken können. Im Augenblick schläft hier eine Katze neben ein paar grünen Kindersocken. Überall liegt und steht etwas herum.

Ausstaffiert ist der Raum mit dem, was die Leute von 116 irgendwo gefunden, aufgelesen oder mitgenommen haben – wahllos. Neben einem Plakat mit roter Fahne hängt ein biederes Seestück, darüber eine alte schwarze Gasmaske. Auf dem Fernseher steht neben einem Bierglas mit einer Blume darin eine angestoßene Gipsbüste von Karl Marx; nicht weit davon entfernt hängt an einem Nagel ein Mercedesstern an einer grünen Kordel. Der ausgestopfte Kopf eines Hechts ist an einen der Holzpfeiler genagelt, in seinem Maul steckt ein Hühnerknochen. An der Decke hängt ein Kronleuchter aus den fünfziger Jahren. Er hängt schief. An einem seiner Arme baumelt das Bein einer Puppe.

Darunter steht der Tisch, die Leute sind beim Essen. Ich kenne Julia und Rudi und einige andere vom Sehen. »Setz dich«, sagt Leon. Es gibt keinen Guten Tag, kein Hi, kein Hallo. Niemand beachtet mich, niemand sagt etwas zu mir, die meisten schauen nicht einmal auf. Rudi hat Weißfische gebraten, schön kroß, damit man die vielen Gräten nicht so bemerkt, heute morgen selbst geangelt. Es ist kein besonderer Fisch, aber dafür kostet er auch nichts. Er schiebt die Platte mit den Fischen wortlos zu mir her und unterhält sich dann an mir vorbei mit Julia, als sei ich Luft. Ich werde nicht zur Kenntnis genommen.

Wo immer sonst man sich in einem privaten Rahmen zu einer Gruppe an einen Tisch setzt, würde man nicht derart ignoriert – es sei denn, man hätte Aussatz. Sieht man in mir also einen unerwünschten Eindringling? Durchaus nicht. Als ich ein zweites Mal zulange, rät Rudi mir, ein anderes Stück zu nehmen, das enthalte weniger Gräten. Und als wir mit Essen fertig sind, führt er mich zu einer Tafel mit Fischrassen, die neben der Tür an der Wand hängt, und erklärt mir die Vor- und Nachteile der einzelnen Sorten.

Joost kommt herein und setzt sich auf die Fensterbank. Ob er beim Arzt war, möchte Rudi wissen. Joost hat TBC, möglicherweise offen. Er war nicht beim Arzt, er hat Angst, von der Polizei geschnappt und in den Knast gesteckt zu werden. Es liefe eine Fahndung gegen ihn, sagt er. Rudi legt ihm den Arm um die Schulter. »Scheiß auf die Bullen, es geht um dein Leben«, sagt er, und zwar leise und vielleicht gerade dadurch besonders eindringlich. Selbst wenn sie ihn schnappten, würde auch der schärfste Bulle ihn nicht einsperren, sondern auf dem schnellsten Weg in ein Krankenhaus bringen. Und genau da gehöre er auch hin.

Joost antwortet nicht, aber nach einer Weile nickt er mit dem Kopf, sagt »okay« und geht tatsächlich zum Arzt. Die nächsten Monate verbringt er in der Klinik.

Kaffee trinken bei Ronnie

Ein einziges Mal habe ich jemand von der Hafenstraße schwärmen hören: Ronnie, und zwar an einem milden Frühlingsabend, als wir zusammen auf einem Baumstamm an der Feuerstelle vorm Café gesessen haben: Hier tobe das Leben, hier sei man noch frei, und die Kinder könnten sich entfalten. Die andern seien doch alle tot, verkümmert in ihren Wohnghettos. Gewiß habe es auch schlechte Zeiten gegeben, als die Bullen hier dreimal die Woche eingefallen sind. »Aber was soll's, wir haben's überlebt, sind zäh genug gewesen«, und letzten Endes habe es sich gelohnt.

Er lädt mich zum Kaffee ein, morgen nachmittag um vier, Kuchen würde ich mitbringen.

Ich bin nicht sicher, ob er mich wirklich erwartet hat, immerhin ist er zu Hause, auch die Kinder sind da, und Blümchen liegt unter dem Tisch und schläft. Partnerin Erika ist nicht da, sie sei jobben. Ronnie setzt Kaffeewasser auf und zeigt mir dann das Zimmer der Kinder. Über Eck liegen ihre beiden Schlafmatratzen, auf der anderen Seite hat der Vater ihnen eine Dornröschenburg gebaut, das heißt ein Podest mit Wänden, die mit Zinnen versehen sind. Eine Treppe führt hoch. Dort oben liegen in wildem Durcheinander eine Menge aussortierter Sachen: Kleidung, Tapetenreste, alte Bettlaken. Von gekauftem Spielzeug hält Ronnie wenig, es rege die Phantasie nicht an. Sollen sie doch mit dem spielen, was sich gerade so findet, hier gäbe es schließlich genug davon.

Es liege aber auch allerlei gefährliches Zeug herum, gebe ich zu bedenken.

»Na und?« Die Kinder müßten schließlich ihre eigenen Erfahrungen machen. Im übrigen seien stets genug Leute da, die ein Auge auf sie hätten.

Ronnie gießt den Kaffee auf, holt Saft für die Kinder, ich packe den Kuchen aus, wir nehmen Platz. Für seine Töchter gibt es klare Maximen: Bei Tisch wird nicht herumgeräkelt, der Saft nicht geschlürft, und zunächst einmal müssen sie danke sagen für den Kuchen. Aber die Hand müssen sie mir nicht geben. Dazu sollte man Kinder niemals zwingen, meint er. Als die beiden aufgegessen haben, dürfen sie spielen gehen. Spielraum gibt es genügend, denn außer den Betten und der Burg steht nichts in ihrem Zimmer.

Ronnie zündet sich eine Zigarette an, öffnet das Fenster und stellt einen Ventilator an. So halte er es immer, wenn die Kinder da seien.

Ronnie ist ein engagierter Vater. So habe ich ihn bereits bei meinem zweiten Besuch in der VoKü erlebt. Seine kleine Tochter saß auf seinem Schoß und zog ihn an Nase und Ohren, die große nervte ihn mit Fragen und Blümchen sprang an ihm hoch, weil er ein Stöckchen geworfen haben wollte. Ronnie stöhnte. »Drei Frauen und ein Hund können einen ganz schön fertig machen.«

Er habe es schließlich nicht anders gewollt, hielt ihm Hanno entgegen, darauf Ronnie: »Ich beschwer' mich ja gar nicht.«

Die Arbeitsteilung der Eltern war von Anfang an klar: Erika ging arbeiten, Ronnie blieb zu Hause. Er hat die Babys gefüttert und gewindelt und sich nebenher seine eigenen Gedanken über Kindererziehung gemacht. Davon gibt er einige zum besten: Mit Kindern müsse man reden, von Anfang an, egal, ob sie verstehen. Das stärke ihr Gemüt. Und man solle sie mit übertriebener Hygiene verschonen, die mache nur krank. In Indien gäbe es zum Beispiel keine Kinderlähmung, weil die Kinder da im Dreck spielen. Sie täglich zu baden, sei darum Quatsch, das verderbe lediglich ihre Haut. Übermäßige Ordnung sei auch von Schaden, sie vermindere das Selbstbewußtsein. Man sollte Kindern ihre eigene Ordnung lassen.

Es gibt jedoch Grenzen: Eßbares gehört nicht auf den Fußboden, und sei es nur ein halber Keks. Lilo muß ihn aufheben und in den Müll werfen.

Wir unterhalten uns, die Mädchen kommen manchmal zu Ronnie, fragen etwas, sagen etwas, schmusen mit ihm oder fangen einen kleinen Boxkampf an. Nach kurzer Zeit verschwinden sie wieder und spielen weiter.

Seine Schwester wundere sich immer, wie reibungslos das bei ihnen funktioniere. Sie sei bürgerlich, eigenes Haus mit allem drum und dran. Auch sie habe zwei Kinder, und die mögen am Ende gar nicht mehr fort, wenn sie mal zu Besuch hier sind. Auch sein Schwager akzeptiere sein Leben, aber, sagt der, er könnte hier niemals leben – niemals! Und in letzter Zeit komme er nur noch selten mit. »Ich glaube, er hat ein wenig Angst, ahnt, wenn er sich auf so etwas wie hier einläßt, wäre er für sein bürgerliches Leben verloren.«

Ronnie will mit den Kindern einkaufen gehen, und kaum hat er das gesagt, springt Blümchen auf und rennt zur Tür. Die Mädchen ziehen sich an, wir gehen hinunter. Unten im Flur kommen wir kaum an den vielen Fenstern vorbei, die dort aufgestellt sind. Neue Fenster. Woher sie die hätten, will Santina wissen. Von einer Baustelle, antwortet der Vater, denn Kinder, das hatte er gerade vorher vertreten, dürfe man nicht belügen. »Ihr habt sie geklaut«, stellt seine Tochter fest und fügt hinzu: »Das sage ich nach.« Sie hätten damit niemandem geschadet, die Fenster seien versichert, erklärt Ronnie. »Trotzdem habt ihr sie geklaut«, sagt Santina und behält damit das letzte Wort.

Bei einer Lesung wurde ich gefragt, wie es mit der Ehrlichkeit der Leute bestellt sei. Es gibt im Hafen eine Frau, die vermittelt Arbeitskräfte für praktisch jede Tätigkeit, sei es Putzen, Gartenarbeit oder das Lösen von Computerproblemen. Der Einheitspreis beträgt fünfzehn Mark die Stunde.

Aber auf diese Leute könnte man sich doch nicht verlassen, hieß es.

Meine Antwort: Sie sind in bürgerlichem Sinne vielleicht nicht ehrlich, aber ich hätte keinerlei Bedenken, über Susanne eine Helferin oder einen Helfer zu engagieren.

»Aha«, meinte eine Hörerin, »sie klauen, aber sie stehlen nicht.«

AM HERD DER VOKÜ

In die Hafenstraße hineinzukommen würde schwer werden, darauf war ich gefaßt gewesen. Käme ich aber hinein, so hatte ich gedacht, wäre es ein leichtes, den Menschen hier meine Fragen zu stellen und dann aus ihren Antworten in relativ kurzer Zeit einen Bericht über das Leben in der Hafenstraße zu schreiben. Das war eine Fehleinschätzung.

Ich kann nicht auf Dauer hier herumgehen und die Leute ausfragen. Das hat sich schon bei Hatto gezeigt. Es ist gewiß kein Zufall gewesen, daß es etliche Wochen gedauert hat, bis ich ein zweites Mal mit ihm sprechen konnte. Mit anderen hier habe ich ähnliche Erfahrungen gemacht. Mit Josef hatte ich Glück. Aber wie viele sind schon so freundlich und entgegenkommend wie er? Es würde nicht lange dauern, dann hätte man meine Fragerei satt.

Und selbst wenn ich mit vielen sprechen könnte, hätte ich damit noch lange kein lebendiges Bild vom Leben dieser Gemeinschaft und von den hier herrschenden Strukturen. Also konnte ich in dieser Weise nicht weitermachen. So einfach, so billig waren Erkenntnisse über die Hafenstraße nicht zu bekommen. Wollte ich dazu gelangen, mußte ich schon etwas mehr investieren, und das hieß nicht nur nehmen, sondern auch selbst etwas geben. Hatto hatte mich unmißverständlich darauf hingewiesen.

Und dann hatte ich noch ein Problem: Die Bewohner hatten mir die hier übliche Gastfreundschaft gewährt, mich sogar ausdrücklich zu einem ihrer Feste eingeladen, und ich hatte mir ihr köstliches Lamm schmecken lassen. Bezahlen durfte ich nicht.

Mir lag daran, mich zu revanchieren. Das aber ist problematisch hier, weil nicht üblich. Man gibt, wenn man etwas hat, und nimmt, wenn ein anderer etwas hat. Man lädt nicht jemanden ein, weil man einmal von ihm eingeladen wurde, und erweist auch nicht einen Gefallen, weil der andere einem einen Gefallen erwiesen hat. Das wäre ein Zwang, und der wird vermieden. Andersherum lassen sich keine Ansprüche aus Gefälligkeiten herleiten. Ich könnte mir beispielsweise keine Sympathien durch materielle Großzügigkeit erkaufen. Finge ich etwa an, eine Runde nach der anderen auszugeben, hätte ich mir alles verscherzt, denn wer hier den Eindruck erweckt, er wolle sich einschmeicheln oder anbiedern, der hat verspielt.

Eine Reporterin hat kürzlich versucht, Leute in der Hafenstraße zu interviewen. Sie sei Birgit, hat sie sich vorgestellt und gefragt, wie denn sie hießen. Ronnie hat sich als Balduin vorgestellt und Rudi als Horst-Wilhelm. Dann hat sie sich erkundigt, ob sie hier wohl Haschisch rauchten. »Klar«, haben sie geantwortet und gefragt, ob sie auch mal einen Joint wolle. Sie wollte. Sie haben ihr eine Spezialmischung zurechtgemacht, und sie ist beinahe vom Stuhl gefallen.

In ähnliche Richtung geht ein anderes Beispiel. Eine kirchliche Gruppe hat einmal etwas Gutes für die Hafenstraße tun wollen und zum Essen in die VoKü eingeladen. Die Leute hatten aber nicht selbst gekocht, sondern das Essen von einem Partyservice liefern lassen. Die Eingeladenen kamen, aßen und gingen und haben über diese Art von Bewirtung die Nase gerümpft.

Diese Begebenheit brachte mich auf eine Idee. Ich beschloß, meinerseits in die VoKü einzuladen. Dabei war eines klar: Wollte ich damit Ehre einlegen, mußte ich mich schon selber an den Herd stellen. Gar nicht klar war hingegen, ob man mir die VoKü so ohne weiteres zur Verfügung stellen würde. Ich ließ es darauf ankommen, hielt mich an eine Devise der Leute hier, die da lautet, nicht erst lange zu überlegen, zu planen und zu fragen, sondern einfach zu handeln nach dem Motto, alles wird schon irgendwie gehen. Ich schrieb die Einladungen, und Josef half mir, sie an alle zu verteilen, mit denen ich bisher Bekanntschaft gemacht hatte:

Mit euch allen habe ich sprechen können, und ihr habt mich an so manchem Anteil nehmen lassen. Ich bin dafür dankbar, denn es ist hilfreich für mein Buch. Darüber hinaus sind etliche Begegnungen für mich eine persönliche Bereicherung gewesen. Außerdem hat mir das Essen bei euch geschmeckt; das Lamm am Spieß war köstlich, und überhaupt fühle ich mich wohl in der Hafenstraße.

Ich möchte euch gern in die VoKü einladen.

Ob ich es mit den Kochkünsten eurer Experten aufnehmen kann, weiß ich nicht, bringe aber nach Meinung meiner Freunde und Bekannten eine eigene Variante von Spaghetti aglio, olio et peperoncino recht ordentlich zustande.

Natürlich möchte ich dazu gern etwas trinken, und ihr vermutlich auch. Was mich betrifft, am liebsten Rotwein. Nun ist die Frage, ob ich die Getränke mitbringen muß (kein Auto) oder Hanno sie besorgen kann.

Allerdings weiß ich nicht, ob das so einfach geht mit der VoKü. Ich stelle mir vor, sie an einem Tag zu benutzen, an dem sie nicht geöffnet hat, an einem Freitag vielleicht.

Wie wär's mit Freitag, dem 11. April? So gegen 19:00 Uhr?

Und bringt mit, wen immer ihr mitbringen möchtet. Ich werde euch schon irgendwie satt kriegen.

Zwei Wochen vor dem Termin mache ich mich auf, mein Vorhaben zu realisieren. Schlüsselfigur für die VoKü ist fraglos Hanno. Er wohnt in Haus 116. Ich stelle mich unten hin und rufe. Ein Fenster öffnet sich. »Was willst du?« werde ich gefragt. Ich wolle zu Hanno. Der sei nicht da. Dann zu Werner. »Auch nicht da.« Der dritte, der in der VoKü kocht, ist Olaf, und der ist da. »Ich mach' dir auf«, sagt der Mensch, der oben aus dem Fenster schaut. Wir gehen in den ersten Stock, er will Olaf holen und ich soll schon mal in die Küche gehen. Das tue ich.

Am Tisch sitzen drei Leute, einer liest ein Buch, einer die Zeitung, eine Frau schmiert sich eine Scheibe Brot, langt dann nach einer großen Emaillekanne, wie man sie aus Wildwestfilmen kennt, und schenkt sich Kaffee ein. Hinter dem Tresen steht ein junger Mann und schält Knoblauch. Ich sage »Hallo«, der eine oder andere nickt.

Olaf kommt, ich trage mein Anliegen vor, zeige ihm die Einladung. Das sei ja noch lange hin, meint er. Die Sache ließe sich wohl machen, allerdings müsse er vorher mit Hanno darüber reden. Ich solle mal Donnerstag in die VoKü kommen, dann sei er da, und einen Karton Wein würde er schon mal besorgen. Die Einladung pinnt er auf einen Nagel, der in einem der Holzpfeiler steckt – Äquivalent eines schwarzen Brettes.

Hanno ist da am Donnerstag, und auch der Karton Wein ist eingetroffen, aber Hanno ist am elften nicht da, vielmehr auf Radtour in Schweden. Olaf sei auch nicht da, sagt er, und darum müßten wir die Sache wohl auf Anfang Mai verschieben. Von Werner ist nicht die Rede.

Es ist also doch nicht so einfach, aber das ist eben mein Risiko.

Ungeachtet der Verschiebung fragt Hanno, ob ich eine Führung wolle. Gewiß will ich, und er weist mich nun in die Geheimnisse dieser Küche ein, die sich von vergleichbaren anderen Küchen prägnant unterscheidet. Es gibt zwei große, vermutlich irgendwo ausgemusterte Gastronomieherde. Beim Elektroherd funktionieren nur die beiden linken Platten, davon eine nur noch schwach. Beim Gasherd ist lediglich der Brenner vorn rechts in Ordnung. Ein Schalter dafür fehlt, er muß mit einer Zange bedient werden. Hanno zeigt mir, wo die zu finden ist. Der Boiler, kaum jünger als der Kühlschrank, braucht eine halbe Stunde, bis das Wasser heiß ist. Auf dem Herd dauert es jedoch noch länger. Also empfiehlt Hanno, das Wasser für die Spaghetti vorgewärmt aus dem Boiler zu nehmen, sonst würde es ewig dauern, bis es kocht. Es gibt einen elektrischen Ventilator, aber der hat seine Tücken. Ich erfahre, wie man ihn dennoch zum Laufen bekommt. Die von der Holzstange hängenden Töpfe und Pfannen bedürfen keiner Erklärung, und alles was ich sonst brauchen könnte, befindet sich gut sichtbar in offenen Borden; unter anderem eine Vielzahl von Gewürzen. Ich solle mich getrost davon bedienen.

Hanno zeigt mir, wo ich Bier finde (drei verschiedene Sorten), Mineralwasser und Säfte. Der Bestand ist bekannt, und ich würde dann bezahlen, was fehlt. Na, wunderbar, dann brauche ich nicht Buch zu führen. Hanno schaut sich noch einmal um, sagt dann: »Ach ja, das Licht. Die Lichtschalter funktionieren nämlich nicht.« Er macht den Sicherungskasten auf. Darin befindet sich ein Stück Pappe, und darauf ist geschrieben, was ich wissen muß: »Finger weg vom Hauptschalter! Lichtschalter sind jeweils die zweiten Sicherungen von rechts. Unverbesserliche und Ignoranten schrubben die VoKü!«

»Nanu!« sage ich, »gibt es hier also doch Repressalien?«

Hanno grinst. »Stammt von Rüdiger«, und der könne fuchsteufelswild werden, wenn jemand unsachgemäß mit der Elektrik umginge. Aber einen Übeltäter, der dann tatsächlich geschrubbt hätte, habe er nicht erlebt.

Schwierig wird es mit dem Termin, denn Anfang Mai ist Hafengeburtstag. Daran ist man hier mit einigen Attraktionen beteiligt, und auch die VoKü ist dann vier Tage mit Beschlag belegt. Ich erkundige mich, wann Olaf denn wegfahre. Das weiß Hanno nicht, ich könnte ihn ja fragen, schlägt er vor, er mache Tresendienst im *Ahoi*. Also, ins *Ahoi*. Olaf legt gerade eine Platte auf. Noch ist nicht viel los, aber auf allen Tischen brennen Kerzen. Er wisse noch nicht, wann er fahre, sagt er, so weit im voraus plane er nicht. Am nächsten Donnerstag sei er allerdings noch da, habe noch einmal Dienst im *Ahoi*.

»Aber Freitag nicht mehr?« frage ich. »Na, gut«, willigt er schließlich ein, »also Freitag auch noch.« Er käme aber nur am Anfang und am Ende. Das sei okay; ich bedanke mich, froh, daß es doch noch geklappt hat. Olaf scheint seine Zusage nicht zu bedauern, ein leises Lächeln zeigt sich auf seiner ansonsten meist verschlossenen Miene.

Hanno ist ehrlich erfreut, hat aber noch ein Anliegen. »Was ist«, fragt er, »wenn jemand zufällig hereinkommt?« Das hatte ich mir auch schon überlegt. Ich konnte selbstredend kein Schild an die Tür hängen und »Geschlossene Gesellschaft« darauf schreiben. Geschlossen ist diese Gesellschaft nur nach außen.

»Kein Problem«, antworte ich, der bekäme natürlich auch zu essen. Hanno ist beruhigt, nickt, und wünscht mir gutes Gelingen. Ich wünsche ihm eine schöne Reise.

Am Donnerstagabend komme ich, um den Nachtisch vorzubereiten. In der VoKü ist noch Betrieb, Lukas hat gekocht. Ob ich ihn störe? Er schüttelt den Kopf. Aber eines ist gewiß: Viel fragen dürfte ich ihn nicht. Hier geht es nach dem Motto: Guck und mach', und falle niemandem unnötig auf die Nerven. Ich angele mir einen Topf von der Stange über den Herden, gebe getrocknete Pflaumen hinein, dazu Kaneel, ein paar Nelken, Zitronen- und Apfelsinenscheiben und gieße dann mit Rotwein auf. Der E-Herd ist noch durch Lukas besetzt, also die Zange, drehen, zünden, das Gas brennt, na bitte. Es brennt allerdings nur sehr schwach. Einen passenden Deckel finde ich nicht, wohl aber Lukas. Er legt ihn auf den Topf. Gehe so schneller, meint er.

Der Betrieb hat nachgelassen, Lukas beginnt mit dem Abwasch. Ich trockne ab. Das kann ich tun oder lassen, es ist allein meine Angelegenheit, also hält er mich weder davon ab noch bedankt er sich.

Ich weiß noch immer nicht, wie es morgen werden soll, wer mich hereinlassen wird, und stelle mir vor, wie ich mit all meinen Sachen vor der Tür stehe und vielleicht vergeblich rufe. Da fragt mich Lukas, wann ich denn morgen kommen wolle. »Fünf Uhr.« Okay, Olaf werde dann da sein. Dann fragt er, wie lange meine Pflaumen kochen müßten? »Nur einmal aufkochen.« Dann könne ich doch nach Hause gehen, er würde sie schon vom Herd nehmen. »Danke.«

Freitag 11. April

Olaf ist da, er schließt auf und, wie angekündigt, geht er gleich wieder. Es ist ein lausig kalter Tag, das Heizmaterial in der VoKü ist aufgebraucht, das wußte ich, also habe ich einige Briketts mitgebracht. Der Ofen ist voller Asche, ich nehme ihn erst einmal aus und lege ihn dann ein. Ich habe es noch nicht verlernt. Ein netter Mensch hat einige neue Kerzen verteilt. Eine steckt in einer Flasche, um die kunstvoll drei rote Pfeifenreiniger geschlungen sind. Vielleicht hat Leon sich hier gestalterisch betätigt, oder Olaf, der kann das nämlich auch.

Um halb sieben mache ich den Ofen an, die aufsteigende Wärme bringt das lange Ofenrohr zum Knacken. Kurz vor sieben bin ich mit dem Kochen fertig. In der riesigen Pfanne, sie hat fast einen Meter Durchmesser, dampft die Soße aus Gemüsebrühe, Chinapilzen, Knoblauch, Sambal und meiner speziellen Gewürzmischung, und in dem großen Topf siedet das Salzwasser, bereit für die Spaghetti. Ich werde sie erst hineingeben, wenn die ersten Gäste erscheinen, denn man pflegt hier nicht pünktlich zu sein.

Um halb acht ist noch niemand da, und um acht sitze ich immer noch ganz allein in der großen VoKü, und mir kommen langsam Bedenken. Egal, ich lege die Spaghetti ins Wasser und rühre mit dem größten Holzlöffel um, den ich je in der Hand gehalten habe. Es ist, als habe es geholfen. Katharina und Hatto sitzen am Tresen, Holger und Josef kommen gerade herein, und nun trudeln sie einer nach dem anderen ein. Einige sagen Hi, die meisten sagen nichts. Sie verhalten sich wie immer, wenn sie zum Essen in die VoKü kommen. Und auch ich spiele eine gewohnte Rolle, nämlich die von Hanno, Werner oder wer immer sonst hier kocht: Ich gebe die Getränke aus und fülle das Essen auf Teller, die man sich dann abholt. Einige haben die Einladung nur darauf bezogen, daß ich für sie koche und wollen bezahlen. »Nein«, sage ich, »heute umsonst.«

Diese Antwort erhalten auch zwei nicht Eingeladene. Der gute Duft habe sie angelockt, sagen sie. Es schmecke auch gut, meint Hatto und dreht einen weiteren Bissen Spaghetti auf seine Gabel.

Bis auf Werner sind alle gekommen, er schaut zwar kurz herein, geht aber sofort wieder. Das tut auch Olaf, der aber kommt zurück, und zwar mit einem Beutel Brikett, und er legt auch gleich nach. Ich hatte mir schon Sorgen gemacht, denn es ist heute besonders kalt und selbst mit Jacke nicht mehr gemütlich. Essen möchte Olaf nicht, auch nichts trinken.

In der Gruppe, die rund um den Tresen sitzt, spricht man über das Dritte Reich. Ich sei doch Zeitgenosse gewesen, wie ich denn die Nazis erlebt hätte, möchte Katharina wissen. Mich haben das wenige gefragt, nicht einmal der eigene Sohn.

Ich erzähle ein wenig, und man hört mir interessiert zu. Ihre Großtante sei Sekretärin von Himmler gewesen, sagt Katharina. Niemand wundert sich oder ist gar entsetzt. So ist das hier: Man nimmt zur Kenntnis, wertet aber nicht zwangsläufig. Ich habe hier Leute Sachen erzählen hören, die in einer anderen Umgebung heftigste Emotionen und erbitterte Kontroversen auslösen würden. Hier zieht man nicht einmal die Augenbrauen hoch. Das heißt allerdings nicht, daß man nicht kontrovers diskutiert.

Am Nebentisch geht es ganz unzeitgemäß um die Frage, ob man Weihnachten einen Tannenbaum aufstellen soll. »Nein!« sagen die einen und halten es für abgeschmackt, sich einen abgehackten, toten Baum ins Zimmer zu stellen, und den dann auch noch zu schmücken. Na ja, es sei doch wegen der Kinder, wird entgegengehalten. Gerade wegen der Kinder sollte man es nicht tun, argumentiert die andere Seite.

Man ist verschiedener Meinung, läßt aber den anders Denkenden die eigene Ansicht; die Diskussion erstreckt sich nicht bis in den persönlichen Bereich. Stellt jemand einen Tannenbaum auf, so ist das seine Sache, seine Entscheidung, kaum jemand wird ihn deswegen kritisieren oder zu moralisieren anfangen. Damit würde man ihm zu nahe treten, und das vermeidet man hier. Ähnlich verhielt es sich mit Holgers Frage, wieviel Gegner ich im Krieg umgebracht hätte. Sie war nicht persönlich gemeint.

Am Tresen geht es um Hattos Solidarität. Schuldet er sie seinen Mitbewohnern oder seinem Chef, dessen Türsteher er ist? Der hätte einiges dagegen, wenn er jemanden ohne Eintritt zu bezahlen passieren ließe. Dies zu verhindern, steht er schließlich in erster Linie da. Die Leute von der Hafenstraße möchten hingegen, daß er genau das für sie tut. Für Hatto ist das keine Frage, er steht zum Chef. »Logisch«, sagt er, der bezahle ihn schließlich. Holger grinst: einmal habe er ihn aber doch umsonst hineingelassen.

Und dann stehen plötzlich acht Leute an der Tür, alle in schwarz und mit einer Unzahl von Ketten behangen. Einer, dünn und an die zwei Meter groß, kommt herein und wendet sich an Hatto. Der verweist ihn an mich, ich sei heute hier zuständig. Es handelt sich um die Mitglieder einer Band, die nachher im *Ahoi* spielen sollen, Engländer. Sie möchten wissen, ob sie etwas zu essen bekommen könnten, denn in der Regel würde für ihre Beköstigung gesorgt, wenn sie irgendwo auftreten.

Ich habe genügend Spaghetti dabei, und das Wasser steht noch auf dem Herd. Also sage ich ihm, in ungefähr zwanzig Minuten könnten sie kommen oder sich auch jetzt schon hier hinsetzen. Wieviel das Essen koste, will er wissen. »Free of charge today«, antworte ich ihm.

Das sei okay, meint Katharina zu mir, aber die Getränke sollten sie selbst bezahlen. Sie waren bescheiden, haben nur Apfelsaft getrunken, und der war bei der Sache übrig.

Die acht habe ich also auch noch satt bekommen, und es hat ihnen geschmeckt. Meine Gäste haben sich ebenfalls nicht beklagt, und sie sind mir nicht davongelaufen, vielmehr so lange geblieben, daß ich die letzte Bahn nicht mehr bekommen habe. Ich war zufrieden.

Kleiner Nachtrag:
Durch diese Einladung war mir klar geworden, wie es für mich in der Hafenstraße weitergehen könnte. An diesem Abend hatte ich gekocht und war nicht gekommen, um die Leute auszufragen. Dennoch hatte ich eine Menge erlebt und erfahren. Und ich war unversehens zu jemandem geworden, der dazu gehörte – wenn auch nur für diese paar Stunden.

Diese Erfahrung änderte die Einstellung zu meiner Aufgabe. Ich kam nun nicht mehr, um möglichst viele Informationen zu sammeln. Ich kam einfach so, ohne besondere Absichten. Ich aß in der VoKü, trank Kaffee oder Saft im Café und nahm auf, was ich sah und hörte. Im übrigen wartete ich, was sich ergab.

Das klappte, die Leute gewöhnten sich an mich; ich gehörte zwar nicht dazu, lief aber als ein weitgehend Geduldeter am Rande mit. Dadurch bekam ich weit tiefere Einblicke in das Leben der Hafenstraße, als dies allein durch Gespräche möglich gewesen wäre. An eines war allerdings nicht mehr zu denken: in relativ kurzer Zeit dieses Buch zu schreiben.

TRESENGESPRÄCHE IM CAFÉ

Eine Abfuhr

Holger hat Dienst im Café, und nur einer sitzt vor ihm am Tresen: Manni. Ich setze mich dazu, bestelle Saft, Holger stellt ihn vor mich hin, und die beiden unterhalten sich ungeniert weiter. Manni beschwert sich über die Leute im *Onkel Otto*, sie behandelten ihn schlecht, nörgelten immer an ihm herum, hätten ihn gestern gar rausgeschmissen, was das für eine Art sei?

Holger zeigt kein Verständnis: »Warum beschwerst du dich?« fragt er. »Du läßt dich vollaufen, bist besoffen, randalierst. Wir wollen da in guter Atmosphäre sitzen, du störst die, also raus mit dir. Und wenn du es nicht sein lassen kannst: Lokalverbot.«

Ja, ja, er habe nun mal ein Alkoholproblem, das wisse er nur zu gut. Und darum, sagt Manni, möchte er eine Wohnung in der Hafenstraße, weil er dann besser damit fertig würde. Aber sie wollen ihm keine geben, ihm nicht. Andere kämen rein, nur er nicht. Und die hätten auch Probleme, mit Tickern (Dealern) zum Beispiel, aber darüber rede man nicht einmal.

Wenn ein solches Problem bestehe, dann werde auch darüber geredet, entgegnet Holger. Und im übrigen möge er bitte begreifen, daß er niemals in der Hafenstraße einziehen werde.

Manni tut, als habe er das nicht gehört und wechselt das Thema. Den Teich habe er machen wollen, denn der hätte es weiß Gott nötig gehabt. Das solle er nicht, hat man ihm gesagt, weil es ein anderer machen wollte. Der habe aber nichts gemacht, ob das vielleicht gerecht sei?

»Warum hast du es denn nicht einfach getan? Mußt du auf andere hören? Rede nicht, tu, wenn du etwas tun willst!«

Manni nörgelt weiter, ergeht sich in nebulösen Andeutungen.

»Was soll das, was willst du damit sagen, oder weißt du gar nicht, was du willst?« fragt ihn Holger, und zu mir sagt er:

»Ich bin aggressiv, und ich hasse es, aggressiv zu sein. Aber er nervt mich.« Und das sagt er keineswegs leise oder hinter vorgehaltener Hand.

Manni macht unbeeindruckt weiter: Sie täten hier immer so menschenfreundlich, seien es aber in Wirklichkeit gar nicht. Ob es vielleicht nicht wahr sei, daß sie Josef rausgeschmissen hätten, weil er gedealt habe?

Es handelt sich nicht um Josef aus dem Bauwagen, sondern um den dicken Josef. Ich kenne den Vorfall und weiß, daß Josef keineswegs gedealt hat.

Ich dachte, nun würde Holger explodieren, das tut er aber nicht, bringt es vielmehr fertig, Manni ganz ruhig zu antworten: »Ich mag nicht, daß du über jemanden herziehst, außerdem stimmt es nicht: Er hat nicht gedealt, und wir haben ihn nicht rausgeschmissen.«

»Doch!« insistiert Manni.

Holger seufzt und erzählt die Geschichte: Josef hat eine Frau verprügelt, und die hatte nun Angst und beschwerte sich. Sie haben mit Josef gesprochen, aber der fand noch gut, was er getan hatte. Da haben sie im Plenum mit ihm geredet, aber er wollte nicht einsehen, daß man eine Frau nicht schlägt. Außerdem sei das seine Sache, hat er gemeint, und er wolle sich von ihnen nicht vollabern lassen. Daraufhin haben sie in großer Schrift an seine Tür geschrieben: Verpiß dich.

»Ihr habt ihn also rausgeekelt.«

Holger sagt nichts mehr, steht auf, geht an die Spüle, wäscht ein paar Tassen ab. Später erzählt er mir, daß Verena mit dem Verfahren gar nicht einverstanden war. Man hätte nicht so schnell aufgeben dürfen und noch weiter mit Josef reden müssen, hatte sie gemeint.

Ich hörte einmal sagen, Verena habe so eine Art Mutter-Teresa-Komplex.

Bunte Gesellschaft

Bei meinem nächsten Besuch im Café steht Holger noch allein hinter dem Tresen, neben ihm ein frischer Blumenstrauß, dafür pflegt Inge zu sorgen. Wir nicken uns zu, ich bekomme einen Kaffee, und dann schweigen wir erst einmal. Es braucht Anlaufzeit, bis ein Kontakt, ein Gespräch in Gang kommt – jedes Mal wieder. Ich möchte Holger gern noch manches fragen, aber dann würde ich riskieren, einfach keine Antwort zu bekommen. Er würde mit seinen blauen Augen irgendwo ins Weite schauen und nichts sagen. Ich habe es erlebt.

Ich erzähle von meiner Fahrt nach London. Manches an den englischen Gewohnheiten habe mich an die Hafenstraße erinnert, sage ich. »Betritt ein Engländer morgens den Frühstücksraum, wünscht er keineswegs freundlich grüßend den anderen Gästen einen Guten Morgen. Und muß er sich irgendwo dazu setzen, fühlt er sich nicht bemüßigt, eine Konversation zu beginnen. Setze ich mich hier zu jemandem dazu, sagt der auch kein Wort. Obwohl er mich kennt und ich ihn kenne, und wir vielleicht am Abend zuvor zwei Stunden zusammen am Tresen gesessen haben. Die Engländer halten ähnlich Distanz wie ihr hier. In den meist überfüllten Fahrstühlen trachten sie, auch körperliche Berührungen möglichst zu vermeiden. Müssen sie mit jemandem reden, reden sie übers Wetter; ein Ritual, das vermeidet, zu persönlich zu werden. Ihr verzichtet selbst auf solche Rituale. Und Namen stehen auch nicht an ihren Türen. My home is my castle, sagen sie. Ihr habt eure Häuser tatsächlich zu einer Festung ausgebaut.«

Holger sagt zunächst nichts, sinniert vor sich hin. Dann meint er: »Weißt du, ich lebe hier mitten drin, bin Insider, da fällt mir vieles nicht auf. Du als Außenstehender hast da den schärferen Blick.« Er müsse mir recht geben, sie hielten hier wirklich einen gewissen Abstand, und er ist ein wenig konsterniert über diese Erkenntnis, war er doch bisher der Meinung, mehr Kontakt schaffe mehr Gemeinsamkeit. So ganz stimme das wohl nicht, stellt er nun fest. Nachdenklich rührt er in seinem Tee, und fährt dann fort: Oft genug halte er sich selber nicht genügend heraus, engagiere sich gefühlsmäßig zu sehr, lasse sich mehr als nötig emotional hineinziehen. Er müsse lernen, abständiger zu sein, neutraler. Das sei auch effektiver, wenn man zum Beispiel Streitenden helfen wolle, befindet er.

Ein weiterer Gast setzt sich zu uns. Er fällt aus dem Rahmen: gepflegter Haarschnitt, gepflegte Hände, helle Jacke, entsprechendes Hemd. »Kennt ihr euch eigentlich?« fragt Holger. Tun wir nicht. Holger macht uns bekannt: Ich sei Carl-Heinz und schriebe ein Buch über die Hafenstraße, und das sei Knut Folkerts. Hier wird kaum jemals jemand mit Vor- und Nachnamen genannt. Holger schaut mich an. Sollte ich den Namen kennen? Ich habe ihn gewiß schon einmal gehört, kann ihn aber nicht unterbringen. Knut möchte wissen, was ich bisher geschrieben habe, und zu meinem Erstaunen kennt er meine Bücher. Besonders hat ihn *Kopf ab! Gewalt im Märchen* interessiert. Holger kennt *Untertan Kind*, und so fachsimpeln wir eine Weile. Holger hat einmal Literaturwissenschaft studiert, und auch Knut ist belesen. Seine Sprache ist gepflegt wie sein Äußeres, er spricht mit ähnlich leiser Stimme wie Josef, und er siezt mich.

Nach der Veröffentlichung von *Kopf ab!*, erzähle ich, sei ich in der Europäischen Märchengesellschaft Persona non grata gewesen und nicht mehr aufgefordert worden, Referate zu halten.

»Kein Wunder«, meint Knut, »wenn Sie konstatieren, daß Gewalt keine Sache der anderen sei, sondern die jedes einzelnen. Der Bürger sieht es nicht gern, derart mit sich selbst konfrontiert zu werden – tut die bürgerliche Gesellschaft doch ihr Mögliches, ihre eigene Gewalttätigkeit hinter ihrer zivilen Maske zu verbergen.«

Das ist eine tiefgründige Überlegung, und in der Tat mag ein solcher Sachverhalt ein Grund für meine plötzliche Unbeliebtheit gewesen sein. Was aber hatte diesen Mann dazu gebracht, über ein derartiges Problem nachzudenken? Ich frage ihn.

Er habe einschlägige Erfahrungen auf diesem Gebiet, sagt Knut, und nicht zuletzt deshalb vieles zum Thema Gewalt gelesen. Und ein paar eigene Gedanken habe er sich auch gemacht.

»Nun«, sagt Holger, »dafür hat er schließlich genügend Zeit gehabt – achtzehn Jahre.« Dazu sei er verurteilt worden, wegen Mitgliedschaft in der RAF.

Und wegen Teilnahme an Aktionen, ergänzt Knut.

Vor zwei Jahren ist er entlassen worden. Er hat in Stammheim eingesessen, auch in anderen Haftanstalten, aber immer im Hochsicherheitstrakt, also Haft unter erschwerten Bedingungen.

Ich sehe ihn überrascht an. Er sitzt ganz entspannt auf seinem Hocker und wirkt auch sonst nicht wie jemand, der etwas derartiges hinter sich hat. Allein die lange Haft müßte Spuren hinterlassen haben. Dazu der Verlust der Gruppe, der er angehört hatte. Etliche tot, die Ziele nicht erreicht und die einstmals breite Sympathie verflogen. Und nicht zuletzt die Auseinandersetzung mit seiner Tat. Er muß sich ziemlich verloren vorgekommen sein.

Es komme eben darauf an, wie man die Zeit nutzt, meint er. Er habe sie zum Nachdenken genutzt und viel gelesen. Und die noch verbliebene moralische Unterstützung von außen habe ihm gut getan, nicht zuletzt die durch die Hafenstraße.

In der Tat: Als die RAF-Gefangenen sich im Hungerstreik befanden – Knut hatte zuletzt im Koma gelegen – war man in der Hafenstraße aktiv gewesen: SOLIDARITÄT MIT DER RAF stand groß an der Wand von Haus 120. Ans Schwimmdock von Blohm und Voss hatten sie in riesigen Buchstaben ZUSAMMENLEGUNG geschrieben und durch Barrikaden die Hafenstraße gesperrt. Bilder davon gingen durch die Presse und waren auch zu den Häftlingen gelangt.

Unser Gespräch wird unterbrochen; ein unglaublich großer und unglaublich schwarzer Schwarzer hat das Café betreten.

»Holger!« ruft er. Seine Stimme entspricht seiner Statur. Er eilt auf ihn zu, schüttelt ihm die Hand. Er liebe Holger, sagt er, und wann immer er in Hamburg sei, käme er her. Sein Deutsch und sein Englisch seien leider nicht sehr gut, aber nähme man Hände und Füße dazu, käme man schon zurecht, meint er. Er ist Seemann, heißt Josua, und stammt aus dem Senegal. Im übrigen sei er Däne, sagt er.

»Däne?« frage ich. »Yes, Sir«, bestätigt er und legt seinen dänischen Paß auf den Tresen.

Er sei der schwärzeste Däne, den er je getroffen habe, sagt Knut, der offenbar auch seinen Humor nicht verloren hat. Josua grinst, wobei seine weißen Zähne blitzen. Er redet dänisch mit Holger, dessen Großmutter Dänin gewesen ist. Dann holt er sein Equipment heraus, baut einen Joint, macht die ersten Züge und gibt ihn an Holger weiter. Als er zu mir gelangt, fragt Josua: »Du rauchst Gras?« und dann entschuldigt er sich. Er hätte selbstverständlich mir zuerst den Joint gegeben, denn ich könnte ja sein Vater sein, und in Afrika achte und ehre man das Alter. Hier in Europa nicht, setzt er hinzu, nicht provokativ, lediglich als Feststellung.

Holger hält ein Plädoyer für die Freigabe von Marihuana. Nur wenn es freigegeben werde, bekäme man endlich anständige Ware.

Josua stimmt ihm zu: Mit Kuhmist werde Haschisch oftmals verlängert, empört er sich und, devil knows, was sonst noch alles hineingemischt würde.

Immerhin gelte es als Einstiegsdroge für Heroin, gebe ich zu bedenken.

»Quatsch«, sagt Holger, aber ohne jede Emphase. In anderen Kulturen werde es seit eh und je geraucht, und niemand sei dadurch zum Junkie geworden. Und wie viele Heroinabhängige haben vorher geraucht oder gesoffen! Aber legale Drogen würden nicht diffamiert, dafür sorge schon die Industrie, die daran verdiene. »Nicht Drogen machen kaputt«, sagt er, »die Leute machen sich selbst kaputt, weil sie nicht damit umzugehen wissen.«

»Darauf könnten wir gut und gern noch einen kiffen«, meint Josua. Holger holt einen kleinen Plastikbeutel unter dem Tresen hervor. »Reine Natur«, sagt er, selbst gezogen auf seiner Fensterbank, von der Hamburger Sonne gereift.

Weitere Leute haben sich zu uns gesellt, und dann stürmt Delia herein und auf Holger los. Was für einen Scheiß er über sie erzählt habe? Drei Türken sollen versucht haben, sie zu vergewaltigen? Lachhaft!

Holger bleibt gelassen. Genau das habe sie erzählt, und er habe es weitererzählt als Beispiel dafür, daß sich eine Frau erfolgreich zu wehren wisse.

»Allerdings warst du besoffen«, ergänzt er in unmißverständlicher Deutlichkeit.

»Stimmt«, pflichtet ihm Josef bei.

Delia schaut die beiden an, verliert einiges von ihrem Elan, setzt sich hin und meint, sie habe tatsächlich wohl etwas zuviel intus gehabt. Dann erzählt sie, wie es wirklich war: Es sei nur ein einziger Türke gewesen, den kannte sie und ist freiwillig in seine Wohnung mitgekommen. Dann aber sei er plötzlich rabiat geworden und habe angefangen, auf sie einzuschlagen – »total brutal, muß so einen Sado-Tick gehabt haben«. Am Ende sei es ihr gelungen, ein Bierglas zu ergreifen. Sie habe es oben abgeschlagen und ihm ins Gesicht gestoßen.

Sie kam mit etlichen Verletzungen ins Krankenhaus, er muß vor den Kadi, hat ein einschlägiges Vorstrafenregister, von dem sie nichts gewußt hat.

»Selbst Schuld gehabt«, sagt sie, zuckt die Schultern und bestellt einen Kaffee.

Immerhin sei sie mit dem Kerl fertig geworden, stellt Holger fest.

Auf den letzten freien Hocker hat sich Achmed gesetzt: glänzendes schwarzes Haar, exakter Scheitel, schickes Hemd, Rasierwasserduft. Er ist Türke und wie der Apostel Paulus in Tarsus geboren. Er sei aber kein Paulus, bekennt er, und läßt keinen Zweifel daran, was er wirklich ist. Er habe seinen Prozeß gewonnen, berichtet er, und dafür nicht einmal einen Anwalt gebraucht. Fünf Frauen hatten ihn verklagt, mit guten Gründen, gibt er zu. Am Ende aber mochten sie ihre Beschuldigungen doch nicht aufrecht erhalten. Der Blickkontakt habe es gemacht, sagt er und strahlt. Das sei die gute Nachricht, fährt er fort. Die schlechte: Er sei einer Frau verfallen, total von ihr hin und weg – und das er! Drei Monate habe er mit ihr praktisch im Bett verbracht. Und drei Monate habe er ihre Kräutertees, ihr Müsli und ihr Hare-Krishna-Gehabe ertragen und den Fernseher, der dauernd lief. Dazu habe sie einen Joint nach dem anderen geraucht. »Aber Teufel auch, ich hab' sie geliebt, sie war gut, es war gut – aber wenn da nichts weiter ist...«

Josef meint, auch wenn er eine Frau noch so liebe, er würde immer Distanz halten, sich nicht an sie verlieren. Das habe er gelernt. Otto findet, es sei ungut, sich überhaupt mit einer Frau einzulassen.

Inge ist gekommen, steht neben mir, will nur schnell einen Kaffee trinken. Ob wir uns kennen? fragt Holger.

»Gewiß«, antworte ich, »bei Inge habe ich damals zuerst geklingelt und mir eine Abfuhr geholt. Sie wollte mit mir nicht über die Hafenstraße reden, und das will sie immer noch nicht.«

»So ist es«, bestätigt sie.

»Schade«, sage ich, denn bisher hätte ich fast nur mit Männern gesprochen, die allerdings auch in signifikanter Überzahl seien. Wie sie sich denn als Angehörige einer Minderheit fühle?

»Wir Frauen leiden hier, ist doch klar«, stellt sie fest.

»Nicht verwunderlich«, sagt Holger, »schließlich praktizieren wir hier ein Patriarchat von der schlimmsten Sorte.«

»Wohl wahr«, meint Inge, trinkt ihren Kaffee aus und geht. Sie hat ein bewegtes Leben hinter sich, studiert jetzt Architektur, steht kurz vor dem Examen. Dafür hat sie ein Wohnmodell Hafenstraße angefertigt, es steht im Augenblick hier im Café.

Ein Mann kommt herein und bestellt ein Bier. Er sei Horst, stellt er sich vor. Niemand nimmt Notiz. Er sei gerade von einer Demo gekommen, berichtet er, gegen den Atomstaat, sei geil gewesen, und er zitiert nun begeistert die Sprüche, die er dort gehört hat.

»Stop it«, sagt Josua, »ist nicht gut über Politik reden.« Er klopft ihm dabei aber freundschaftlich auf die Schulter.

Horst läßt sich nicht entmutigen, wechselt aber das Thema, äußert sich nun genauso enthusiastisch und dazu mit missionarischem Eifer über die Segnungen des Buddhismus. Holger gibt einen unwilligen Laut von sich, Knut stöhnt ostentativ. Schließlich meint Achmed, Horst solle den ganzen Scheiß mal vergessen und zu sich selbst kommen.

Endlich geht Horst. Er hat ein Netz mit Apfelsinen dabei. Rudi hält ihn auf, meint, davon könne er getrost ein paar hierlassen und bedient sich gleichzeitig.

Josef beschäftigt die Szene. Er fragt sich, was mit dem Mann los sein mag. Psychisch gestört? Drogen? Und wie ihm vielleicht zu helfen sei. »Vermutlich braucht er einen Sozialarbeiter für sich allein«, meint er. Zu mir sagt Josef, er könne bei solchen Sachen nicht auf Durchzug schalten, und sie nehmen ihn mit. Darum könne er nur einmal in der Woche hier Tresendienst machen, mehr halte er nicht aus.

Philosophie am Tresen

Josef macht Tresendienst – gut rasiert, sauberes Hemd und fast saubere Fingernägel. Lutz erzählt: »Und dann wollte der Käptn wissen, was er dem Kahn zumuten kann, und dabei sind sämtliche Segel draufgegangen.« Lutz gehört zu einer Gruppe von Leuten, die einen Zweimaster, 40 m lang, besitzt. Quasi als Wrack gekauft, hundert Jahre alt, haben sie ihn gemeinsam aufgemöbelt. Ob denn die Mannschaft an Bord auch eine herrschaftsfreie Gemeinschaft sei? möchte ich wissen. Lutz grinst und schüttelt den Kopf. »Hier muß am Ende einer das Sagen haben«, sagt er – »sonst Titanic«, und er dreht seinen Daumen nach unten.

Dann spricht er über seine Firma: dreißig Mitarbeiter, und sie hätten lediglich Prototypen entwickelt und Problemlösungen verkauft, also nur kreative Jobs, und entsprechend seien die Leute gewesen – total chaotisch.

»So chaotisch wie hier?« frage ich.

Er lacht. »Dann wären wir pleite gegangen. Plenum ansetzen, vertagen, neuer Termin, wieder klappt es nicht oder die Hälfte der Leute ist nicht da« – so ginge das nicht. Sie hätten das Problem technisch gelöst über entsprechend programmierte Handys – totale Kommunikation. Also waren zu Konferenzen alle da – und pünktlich.

Er erzählt von der Entwicklung eines soziologischen Modells. Entstehung und Auswirkungen von Vorurteilen sollten untersucht und die Ergebnisse als Software praktisch anwendbar gemacht werden. Mit dem Finger malt er Kreise auf die Theke: Konsenskreise. Jeder umschließt jeweils eine Konsensgruppe, erklärt er, wobei ein Mensch ohne weiteres mehreren Konsensgruppen angehören könne. In jeder bestehe in bezug auf gewisse Fakten und Verhaltensweisen Übereinstimmung, sie würden auf bestimmte Weise gesehen und beurteilt. Beim Transfer von Meinungen und Ansichten von einem Konsenskreis in den anderen gäbe es charakteristische Probleme.

Die Konsensgruppe Hafenstraße, werfe ich ein, hätte demgemäß eine bezeichnend andere Einstellung zu Ordnung und Sauberkeit als etwa ein Hausfrauenverein, und man könnte sich gegenseitig vorwerfen, Vorurteile zu haben.

Damit hätte ich das Problem auf den simpelsten Nenner gebracht, meint Lutz.

Es ginge hier um die menschliche Wahrnehmung, fährt er fort. Sie sei viel ausgeprägter als die meisten wüßten. Am intensivsten habe er dies unter LSD empfunden. Hier an dieser Theke habe er gesessen und auf das Holz gesehen, und es war, als sähe er hinein in die Strukturen, immer tiefer hinein bis hin zu den einzelnen Zellen. Und dann wurde aus dem Brett ein Stamm und aus dem Stamm der Baum, aus dem es geschnitten worden ist. Der wechselte ständig sein Aussehen, war mal Laub-, mal Nadelbaum, erst klein und jung, dann groß und mächtig. Schließlich sah er sich einem Baum gegenüber ohne spezielles Aussehen, ohne besondere Eigenschaften. Der Baum schlechthin. Es war, als erlebte er das Wesen des Baums – eine ungemein intensive Wahrnehmung.

»Aber kann so ein Trip nicht auch ins Auge gehen, in Angst und Schrecken als Horrortrip enden?« frage ich.

»Kann er, klar«, und ein Grund dafür habe wieder mit Wahrnehmung zu tun. »Nimmt der Mensch etwas wahr, das er nicht mehr erfassen und verstehen kann, ist also ein Eindruck derart stark, daß er ihn nicht mehr verarbeiten kann, bricht sein seelisches System zusammen.« Er habe das einmal bei einer Frau erlebt. Sie war total in Panik, nicht mehr ansprechbar, nicht mehr erreichbar. Er habe alles versucht, an sie heranzukommen – vergeblich. Aber dann hätten sich ihre Hände berührt und die beiden kleinen Finger sich miteinander verhakt. Über diesen Kontakt, so gering er auch war, habe sie wieder zurück in die Wirklichkeit und am Ende auch wieder zu sich selbst gefunden.

Es gäbe auf diesem Gebiet so vieles, was wir nicht wissen, resümiert er, und eine Menge Vorgänge, die auf Grund unserer bisherigen Kenntnisse unmöglich zu sein scheinen und dennoch ablaufen. Er versinkt in Nachdenken.

Plötzlich lacht er auf. Zuweilen, sagt er, seien es die ganz banalen Dinge, die uns konsternieren. »So brach bei uns allabendlich zwischen achtzehn und achtzehn Uhr dreißig die Telefonanlage zusammen. Wir haben gemessen und geprüft, ausgewechselt, was ausgewechselt werden konnte, und am Ende die Software erneuert, schließlich sind wir ja Fachleute. Es hat uns nichts genützt; die Anlage hätte nun funktionieren müssen, tat es aber nicht. Bis sich einer um die entscheidende Zeit einfach davor gehockt und beobachtet hat. Er sah die Putzfrau tun, was sie täglich gegen viertel nach sechs tat: den Stecker ihres Staubsaugers in eine Steckdose stecken, und das war's. Die lausige Steckdose war defekt.« Manchmal, sagt Lutz, müsse man eben ganz konkret hingucken.

Es geht auf Mitternacht. Josef hat einhundertvierzig Mark eingenommen an diesem Abend. Dafür ist Kuchen gegessen, Kaffee und Tee getrunken worden, ein Kasten Bier ist leer geworden, drei Glas Wein hat er ausgeschenkt, und zweimal hat ein Joint bei uns am Tresen die Runde gemacht.

Josef sammelt die Aschenbecher ein. Lutz entdeckt in einem zwei leere Kokainbeutel. »Die Leute am Ecktisch«, sagt er, »Kokser. Aufpassen!«

Exkurs über Gewalt

Sonntagabend, Rüdiger kommt herein und hievt sich etwas mühsam auf den hohen Hocker. Er hat ein blaues Auge und in der Hand eine Tragetasche von der Apotheke. Er stellt sie auf den Tresen. Jeder rege sich über Gewalt auf, sagt er, und erklärt apodiktisch: Leute, die groß reden, hätten immer Unrecht. Und täten nichts, wenn sie Gewalt einmal wirklich begegneten.

Er ist im *Paradiso* gewesen, und plötzlich, so erzählt er, sei da eine ganze Horde hereingeplatzt. »Ich kriege die Tür ins Kreuz, was mir gar nicht gefiel, und das zeigte ich ihnen auch. Einer meinte, er könnte es mit mir aufnehmen, hat sich freilich ein bißchen getäuscht. Aber dann ist der Rest über mich hergefallen. Der eine oder andere mag das bedauert haben, es waren allerdings ein paar zu viel. Als ich schließlich auf dem Boden lag, haben sie wie wild auf mich eingetreten. Tritte sind nicht so schlimm, wenn sie nicht gerade einen Knochen treffen, besonders die Hüfte. Sie haben die Hüfte getroffen.« Er faßt sich an die schmerzende Stelle. Immerhin seien seine Zähne noch alle drin.

Er verlangt ein »White Label«, seine Bezeichnung für alkoholfreies Bier, nimmt einen Zug aus der Flasche und fährt fort: »Die Leute waren nicht von hier. Kommen am Wochenende her und sind auf Krawall aus. Provozieren, und dann holzen sie los. Am Montag gehen sie brav wieder zur Arbeit und kuschen vor ihrem Meister oder Chef. Na schön, aber sollen wir, die wir hier wohnen und leben, uns von solchen Möchtegern-Gangstern aus den Vororten auf der Nase herumtanzen lassen? Und was haben die Luden getan, die sonst immer ihr Maul aufreißen? Sind ruhig an ihrem Tisch sitzen geblieben und haben sich nicht gerührt. Und ein paar andere aus dem Viertel haben auch nur zugesehen. Vielleicht nach dem Motto: Der Klügere gibt nach? Der gibt so lange nach, bis er der Dumme ist. Das habe ich ihnen gesagt. Aber die? Müde abgewinkt haben sie.«

Erno hat ähnliches erlebt: »Ich komm' hier herunter von der Reeperbahn, und in der Balduinstraße schlagen Typen brutal auf jemanden ein. Was soll ich tun? Weggucken?« Er hält eine Hand seitlich vor die Augen. »Auf die andere Straßenseite gehen? Die Bullen rufen? Bis die da sind... Also was mach ich Blödmann? Geh' dazwischen und ertrage die Beulen. Und dann helfe ich dem Kerl auch noch auf die Beine und klopfe ihn ab. Ein Tourist, der auf dem Kiez was erleben will. Und hatte auch noch einen in der Krone – aber was soll's?«

DIE BALDUINTREPPE

Die Balduintreppe ist nicht irgendeine Treppe. Sie befindet sich an exponierter Stelle am Hafenrand, gewissermaßen am Tor zur Welt. Sie ist breiter als so manche Freitreppe eines Schlosses, aber ganz und gar hanseatisch schlicht. Steht oder sitzt man auf ihren Stufen, hat man einen weiten Blick über die Elbe und den Hafen, sieht direkt auf die Werft von Blohm & Voss am jenseitigen Ufer mit ihren Docks und Kränen.

Sie führt zwischen den Häusern der Hafenstraße hindurch, und das macht sie zu einem Politikum. Nicht zum ersten Mal, denn sie hat schon immer eine Rolle gespielt in der Geschichte des Hamburger Hafens – vorwiegend eine zwielichtige. So ist sie einst beliebter Treffpunkt von Schmugglern gewesen, und zu ihren Füßen befand sich eine Opiumhöhle.

Seit Jahren ist sie in einem beklagenswerten Zustand. Es gab Eingaben aus dem Viertel, sie endlich instand zu setzen – vergeblich. Einzige Maßnahme der Behörde: Es wurde ein Schild mit der Aufschrift »Vorsicht, Stolpergefahr« aufgestellt. Auf Nachfrage erfolgte die Mitteilung, für eine Reparatur ständen leider keine Gelder zur Verfügung.

Kurz darauf wurde die Balduintreppe gesperrt, an beiden Seiten mit schweren Holzgattern, mit sogenannten Schrammborden abgeriegelt. Die waren aus Teakholz gefertigt.

Die Reaktion der Leute von der Hafenstraße schwankte zwischen Resignation und Ärger. Am Ende beschlossen sie, das Beste aus der Sache zu machen. Sie zimmerten aus dem Holz ein Podest, eine Art Freisitz mit Blick über den Hafen, direkt vor der VoKü. Neben dem Nutzen, den ihnen diese Aktion gebracht hatte, verband sich damit die leise Hoffnung, die Behörde würde sich nun möglicherweise doch dazu entschließen, die Treppe zu reparieren. Auf jeden Fall war sie gezwungen zu reagieren.

Sie reagierte prompt. Ein Bautrupp fuhr vor und schweißte oben und unten massive Stahlrohre an die Geländer der Treppe.

Ich stehe zusammen mit ein paar Leuten von der Hafenstraße an der stählernen Sperre, die schon Rost angesetzt hat. Rudi gibt seinen Gefühlen Ausdruck. Er holt einen Hammer und schlägt wütend gegen den Eisenträger. Das macht Lärm, bleibt ansonsten aber wirkungslos. »Zumindest«, sagt er, »hätte man den Leuten vom Bezirksamt das Schweißgerät klauen sollen.«

Hanno meint, man könne die Dinger ja begrünen, dann sähen sie wenigstens nicht mehr so häßlich aus. Leon bietet an, ihnen durch Farbe einen künstlerischen Anstrich zu geben. Hatto sagt nur ein Wort: »Abflexen!« Rüdiger kommt dazu und begutachtet fachmännisch die Sperre: »Geschweißte Rechteckrohre, 60 x 30 x 4 mm. Wert? Ich schätze mal: 600 Mark – ohne Arbeitslohn, versteht sich.« Für das Geld hätten wir spielend die halbe Treppe sanieren können«, stellt Erno fest. »Wohl wahr«, sagt Rüdiger. Rudi wirft den Hammer hin, spuckt aus und befindet: »Scheißbehörde!«

Ich würde mich erkundigen, wer für diese Aktion verantwortlich ist, sage ich, und rufe am anderen Morgen das Bezirksamt Altona an. Das sei nicht zuständig, sondern das Bezirksamt Mitte, bekomme ich Bescheid. Also frage ich dort, wer die Sperrung der Balduintreppe angeordnet hat. Ich möge mich an die Bauprüfabteilung wenden, heißt es, und man gibt mir die Durchwahlnummer. Die aber ist entweder besetzt oder es meldet sich ein Anrufbeantworter.

Ich versuche es bei der Polizei und lasse mich mit der Davidwache verbinden. Nachdem man sich genau nach meinem Namen erkundigt hat, erfahre ich, daß nicht die Bauprüfabteilung zuständig ist, sondern die Tiefbauabteilung des Bezirksamtes Mitte, und zwar Ingenieur H., dessen Nummer ich erhalte.

Diplomingenieur H. betreut Brücken und Treppen im Bezirk und zeigt sich hilfsbereit. Seine Chefs höchstpersönlich, die Leiter der Tiefbauabteilung, hätten die Maßnahme angeordnet, erzählt er mir und verrät mir auch deren Namen: S. sei der Chef und B. dessen Vertreter. Eine Sicherung der Treppe, erklärt H., sei wegen der Haftung des Staates bei etwaigen Unfällen zwingend notwendig gewesen. Und Stahl hätte es schon sein müssen, weil die Schrammborde gestohlen worden seien. Es heiße, von den Chaoten, aber denen schiebe man ja so manches in die Schuhe.

Ob es nicht gescheiter sei, statt dauernd Geld in Absperrmaßnahmen zu stecken, diese Treppe zu reparieren, wende ich ein, denn die sei wahrhaftig ein Schandfleck für die Hansestadt Hamburg.

Das sei leicht gesagt, entgegnet H., bei seinem derzeitigen Etat aber kaum möglich, denn der sei von zwei Millionen auf vierhunderttausend zusammengestrichen worden. Entschlösse man sich aber höheren Orts zur Sanierung der Treppe, werfe dies eine Fülle von Fragen auf, die vorab geklärt werden müßten, etwa die des Denkmalschutzes. Also müsse zunächst einmal das Denkmalschutzamt eingeschaltet werden. Weiterhin müßte das Projekt unter stadtplanerischen und stadtgestalterischen Gesichtspunkten betrachtet und entsprechende Absprachen mit den zuständigen Stellen getroffen werden – um nur einiges zu nennen. Und wenn man die Sache anpacke, müsse es gründlich geschehen, denn besonders in armen Zeiten könne man sich Halbheiten nicht leisten. Dementsprechend sehe es mit den Kosten aus. Allein der Abbruch und das Abfahren des Schutts würden schon an die 100 000 Mark kosten. Dann der Arbeitslohn, H. rechnet kurz, und kommt auf einen Betrag von 528 000 Mark. Dazu käme noch einmal die gleiche Summe für Material, und dann läge man schon bei über einer Million. Da in absehbarer Zeit auch der Rest der Treppe baufällig werde, müsse er wohl das Geld einwerben, und das wolle er auch tun. Die Verwirklichung des Vorhabens dürfte er indes kaum noch im Amt erleben, denn er sei achtundfünfzig Jahre alt.

»Also wird die Treppe zur Ruine und von Jahr zu Jahr immer weiter verkommen.«

H. sagt dazu nichts.

Ich weise darauf hin, daß die Anwohner, eben jene »Chaoten«, bereit wären, die Treppe selbst instand zu setzen, genügend fachkundige Handwerker seien vorhanden. Man brauchte ihnen lediglich das Material zu liefern und einen Stundenlohn von fünfzehn Mark zu zahlen.

»Oh«, wehrt H. ab, »das ist ein ganz heißes Eisen und nur auf höchster Ebene zu entscheiden.«

Mag ja sein, aber dessenungeachtet sei ein solches Angebot doch wohl mit Abstand die preiswerteste und schnellste Lösung und dazu höchst einfach.

»Einfach? Haben Sie eine Ahnung!« Da wäre zunächst einmal die VOB, die Verdingungsordnung für Bauleistungen, Bibel der Behörden wie der Bauunternehmer. Deren Vorschriften müßten zunächst einmal beachtet werden – von den Vertragsbedingungen, den Bauausführungsbestimmungen bis zu den technischen Vorschriften. Davon abgesehen sei es aber ohnehin ein Ding der Unmöglichkeit, daß irgendwelche Leute an einer öffentlichen Treppe herumwerkelten. Es gäbe genaue Vorschriften, welche speziellen Firmen zu welchen Aufgaben herangezogen werden dürften, auf jeden Fall aber Firmen und nicht irgendwelche Privatleute. Das sei allein aus Gründen der Haftung und Gewährleistung unabdingbar.

»Aber hier könnte man doch einmal eine Ausnahme machen und eine Sondergenehmigung erteilen.«

»Könnte man, sicher. Aber wer, bitte schön, würde das tun? Geht etwas schief, wäre der Mann dran – oder die Frau. Wer riskiert so was heutzutage? Niemand.« Er setzt hinzu: »Leider.« Dennoch, meint er, nichts sei unmöglich. Wenn sich tatsächlich eine Gruppe seriöser Leute entschlösse, die Sache in die Hand zu nehmen, müßte die sich an den Bezirksamtsleiter wenden. Der würde prüfen, ob die Voraussetzungen gegeben wären. In erster Linie müßte er klären, ob genügend qualifizierte Kräfte zur Verfügung stünden, die darüber hinaus das nötige Durchhaltevermögen hätten, also garantieren könnten, die Sache auch zu Ende zu führen. Denn wenn man eine angefangene Baustelle einer Firma übergebe, zöge diese einem finanziell das Fell über die Ohren. Ferner müßte ein Bauleiter gestellt werden, möglichst ein Ingenieur, und außerdem eine Bauaufsicht mit entsprechenden Erfahrungen. Die Sache müßte also wasserdicht sein. Wenn dann auch alle versicherungs- und arbeitsrechtlichen Fragen geklärt seien, und, wie gesagt, jemand bereit wäre, seinen Kopf dafür hinzuhalten, würde ein Kooperationspapier erstellt, und dann könnte es losgehen. Das Problem des Materials sei weniger schwerwiegend, er hätte in seinem Lager etliches an Granit liegen, das sich verwenden ließe.

»Mein Gott«, entfährt es mir, »hätte es nach dem Krieg derartig viele Vorschriften gegeben, und hätte man Eigeninitiative mit so vielen Hürden verstellt, dann wäre Hamburg heute noch nicht wieder aufgebaut.«

»Es hat diese Vorschriften gegeben«, stellt H. richtig, »Vorschriften scheren sich nicht um Kriege und Katastrophen. Nur: Damals hat sich eben niemand um sie gekümmert.«

»Heute hingegen tut man das mit deutscher Gründlichkeit, und Eigeninitiativen von Bürgern werden mit einem Wust von Paragraphen und Bestimmungen erstickt.«

Da sei etwas dran, meint H.

Ich danke ihm für seine Auskünfte und für seine Offenheit.

Sein Ruf sei eh schon ruiniert, meint er, und ich wisse ja, dann lebe es sich ganz ungeniert.

Vier Wochen später ist die Treppe repariert, das Geländer freundlich bunt gestrichen, die Stahlsperren sind fachmännisch entfernt, ohne Spuren zu hinterlassen.

Hatte die Behörde ein Einsehen? Nein, die Leute von der Hafenstraße haben die Ärmel aufgekrempelt. Rüdiger hat die Arbeit geleitet. Ich treffe ihn im Café. Er ist Ingenieur, war einige Jahre als Bauleiter tätig. Zehn Tage hätten sie an der Treppe gearbeitet, berichtet er, und ganze 2000 Mark habe die Sache gekostet – Material und Lohn. Leichtlohn allerdings, sonst wären es an die 5000 Mark geworden. Das Geld habe sich aus den Mitteln für die Sanierung abzweigen lassen.

Er hat speziellen Reparaturmörtel verwendet, erzählt Rüdiger, und entsprechend dem Untergrund genau gemischt. Ob die Arbeit geraten sei, werde sich nach dem ersten Frost zeigen, meint er und grinst. Er trinkt seinen Kaffee aus, steht auf, setzt sich ans Klavier und spielt Chopin.

Ich telefoniere mit Herrn B., dem stellvertretenden Leiter der Tiefbauabteilung. Ja, er habe von dem veränderten Zustand der Treppe gehört.

Was er denn dazu meine?

Er habe dazu keine Meinung, ich solle mich an Herrn H. wenden. Der sei am Nachmittag wieder da, aber von ihm werde ich auch nur Sachverhalte erfahren und nichts über Politik.

Er sei aber doch dessen Vorgesetzter, wende ich ein.

Er bleibt dabei: Keine Meinung.

Wie die Tiefbauabteilung auf die Situation reagieren werde, möchte ich von ihm wissen.

»Kein Kommentar«, antwortete er.

Es handele sich hier wohl um ein heißes Eisen, frage ich.

Für das Amt, konstatiert er, sei die Hafenstraße ein weißer Kreis, auf Nachfrage: ein rechtsfreier Raum, obwohl da angeblich wieder Recht und Ordnung herrschen sollen.

Herr H. erweist sich als ganz und gar nicht zugeknöpft. Sein Klempner habe ihm von der Sache erzählt, und gesagt, die Treppe sehe toll aus. Er habe ihm nicht geglaubt, gemeint, der wolle ihn auf den Arm nehmen. Dann aber habe er lauthals gelacht: Die haben uns also wieder mal gelinkt. Er sagt es nicht mit Häme, eher anerkennend.

Er müsse nun die Höhe der Treppenstufen nachmessen lassen. Sei sie ungleich – und da genüge ein Zentimeter – müsse er die Treppe wieder sperren lassen, was ihn hart ankäme, weil kaum ein Bürger dafür Verständnis hätte. Also hofft er, daß die Höhe stimmt.

Sie stimmte. Nicht nur das: Der nachmessende Techniker lobte die Arbeit und plauderte nebenbei noch freundlich mit Rüdiger.

Nun rufe ich den Leiter der Tiefbauabteilung an, Herrn S. Auf das Stichwort Balduintreppe reagiert er schroff und abweisend. Er wisse nichts von der reparierten Treppe, behauptet er. Falsch, er war über die Vorgänge genau unterrichtet, das wußte ich von H.

Ich erzähle ihm, was geschehen ist.

Darauf er: »Aha! Sie kennen also die Täter!«

Ich solle ihm Namen und Adresse nennen, als erstes aber meine Telefonnummer, er schreibe mit.

»Täter? Wieso Täter?« frage ich ihn.

»Was denn sonst? Erst die Schrammborde entwendet: das ist Diebstahl von Staatseigentum und darüber hinaus Gefährdung der öffentlichen Sicherheit, dann die Stahlsperren entfernt und schließlich ohne Genehmigung die Treppe repariert – alles kriminelle Handlungen! Und die, die das getan haben, haften für den Schaden, wenn jemand stolpert. Also geben sie mir schon die Namen«, fordert er.

Mir fallen spontan ein paar Schimpfworte ein. Ich habe einiges auf der Zunge, was ich ihm an den Kopf werfen möchte, schlucke aber meine Empörung hinunter.

Die Treppe sei doch nun wieder intakt, halte ich ihm entgegen, »und das ist doch schließlich etwas Positives.«

»Was heißt hier intakt? Sind Sie denn Fachmann, um das beurteilen zu können?«

»Nein«, gebe ich zu. Aber ein Fachmann seiner Behörde habe die Treppe inzwischen begutachtet und in Ordnung befunden.

Woher ich das wisse? Und was ich überhaupt von ihm wolle?

»Da sind Leute dahergekommen und haben auf eigene Kosten und mit eigener Hände Arbeit eine öffentliche Treppe in Ordnung gebracht, für deren Reparatur der Staat kein Geld hat. Ich möchte lediglich wissen, wie Sie das finden, wie Sie dazu stehen.«

Er hat dazu keine Meinung.

Ob das nicht eine etwas schwache Aussage sei für den Chef der Tiefbauabteilung?

Dazu sagt er nichts.

Ich frage ihn, ob die Leute nicht wenigstens die Materialkosten ersetzt bekommen könnten, schließlich hätten sie dem Staat eine Menge Geld gespart?

»Ausgeschlossen!« stellt er fest. »Sie hätten ihr Vorhaben genehmigen lassen müssen.«

Er wisse selbst, halte ich ihm vor, wie langwierig ein solches Verfahren sei und daß die Treppe noch auf Jahre hinaus nicht zu benutzen wäre.

S.: »So sind nun einmal die Bestimmungen.«

Ob die Leute nicht wenigstens eine Belobigung verdient hätten?

»Die Sache ist im Dunklen geschehen, und im Dunklen soll sie bleiben.«

Anmerkung:
Die Balduintreppe hat allen Frost überstanden und ist nach über zwei Jahren immer noch intakt. Kürzlich fand am Fuß der Treppe ein Open-Air Konzert statt. Hunderte saßen auf den Stufen und hörten zu.

UNVERBINDLICH BIS ZU SCHEINBARER KÄLTE

Es ist so eine Sache mit mir und der Hafenstraße. Einerseits kostet es mich jedes Mal ein wenig Überwindung, mich dahin aufzumachen, andererseits fühle ich mich dort fast schon ein bißchen zu Hause. Gefühle von Fremdheit und von Vertrautheit bestehen eng nebeneinander. Das liegt wesentlich an der Art und Weise, wie die Leute von der Hafenstraße miteinander umgehen, insbesondere an ihrem Kontaktverhalten. Es ist gewöhnungsbedürftig. Bei einem Besuch bekomme ich dies geballt zu spüren, so sehr, daß ich nach der fünften Abfuhr frustriert nach Hause fahre und meiner Frau erkläre, heute hätten mich die Leute von der Hafenstraße geschafft.

Es ist ein schöner Tag, und gut gestimmt komme ich an im Hafen. Unterhalb der Balduintreppe hat Biggi eine große Leinwand auf den Boden gelegt und malt an einem Bild. Es soll, wie ich weiß, einmal die Decke ihres Zimmers zieren. Auf ein freundliches »Hallo« reagiert sie nicht, auch nicht auf eine anteilnehmende Frage.

Ein paar Meter weiter steht Hatto und starrt auf drei Polizisten, die die Personalien von zwei Schwarzen aufnehmen. Er guckt böse, und das sei er auch, erklärt er, ohne den Blick abzuwenden. Er ist wahrhaftig kein Freund der Dealer, und es kann ihn eigentlich nicht besonders zornig machen, wenn die »Bullen« mutmaßliche Dealer kontrollieren. Auf meine Frage, was denn los sei, antwortet er nicht, starrt weiter.

Nun gut, so ist er eben, ich weiß das: Wie immer ihm zumute ist, er macht daraus keinen Hehl, und wenn Leute deswegen Schwierigkeiten mit ihm haben, hat er einmal gesagt, so sei das deren Problem. Ich lasse ihn stehen und starren, gehe zum Bauwagenplatz und klopfe an bei Josef.

Er ist da, öffnet die Tür, erklärt, ihm sei nicht nach Gesellschaft und macht die Tür wieder zu. In Ordnung, schließlich hat er mir einmal erklärt, wenn er keinen Bock auf Besuch habe, werde er mir das sagen. Das hat er gemacht.

Rainer, der Bewohner des zweiten Bauwagens, füttert gerade die Katzen; das macht er jeden Abend, immer um sechs Uhr. Aus einer großen Dose verteilt er Futter auf die verschiedenen Näpfe und wacht dann darüber, daß alle Tiere zu ihrem Recht kommen. Katzen, die sich zu frech vordrängen, packt er und befördert sie mit entsprechenden Kommentaren woanders hin. Ich nicke ihm zu, sage ein paar freundliche Worte. Er antwortet nicht, sieht mich nicht an, redet weiter mit seinen Katzen. Offenbar ist ihm heute nicht nach Menschen, warum soll er sich dann mit einem abgeben? Hier muß er das nicht.

Auf dem Weg in die VoKü kommt mir Katharina entgegen, geht an mir vorbei, sieht an mir vorbei, verzieht keine Miene.

Ich müßte annehmen, sie beleidigt zu haben. Tatsächlich hat sie persönlichen Kummer, wie ich später erfahre. Wem ist dann schon danach zumute, zu lächeln oder jemanden freundlich grüßen? Ihr nicht, also läßt sie es.

Ich tröste mich mit dem Essen in der VoKü. Zwei Gerichte stehen zur Wahl: vegetarischer Gemüseauflauf und Blumenkohl mit Schinken und Béchamelkartoffeln. Tomatensalat als Beilage gibt es für beide Gerichte, ebenso den Nachtisch: Vanillecreme mit Schokoladenstreuseln und halbierten, entkernten (!) Weintrauben.

An einem Tisch sitzt Hatto in einer fröhlichen Runde und lacht. Mich hat er vor kaum zehn Minuten nicht einmal eines Blickes gewürdigt.

Rüdiger setzt sich mit seinem Teller neben mich. Ich schließe daraus, daß er ansprechbar ist. Da ich ihm schon seit einiger Zeit etwas sagen möchte, ergreife ich die Gelegenheit.

»Ich will keine Geschichten hören, okay?« fertigt er mich ab und ißt weiter.

Aber dann klopft er mir auf die Schulter, meint, er habe im Augenblick derart den Kopf voll, müsse so vieles bedenken.

Wäre Hatto an meiner Stelle gewesen oder Holger, hätte er sich diese Erklärung vermutlich gespart. Die hätten sich auch nicht unwohl oder zurückgesetzt gefühlt.

Hier gelten eben andere Maßstäbe. Man verzichtet weitgehend auf formelle Höflichkeit, mit der üblicherweise Sozialkontakte abgepuffert werden. Sich so zu verhalten, ist hier normal.

Lutz sagte einmal: »Wir reduzieren unsere emotionalen Beziehungen und lassen dem Anderen seine Eigenarten und Meinungen. Das vermeidet Spannungen und Konflikte, und jeder kann einigermaßen zwanglos mit jedem kommunizieren.«

Ronnie meinte dazu, sie hätten weniger »Familienkrach« und folglich weniger Streß. Außerdem müsse man nicht dauernd heucheln.

Schön und gut, sagte ich. Aber wenn zu mir eine Nachbarin kommt und ich erklärte ihr, keine Lust zu haben mit ihr zu reden und schlösse meine Tür, so hätte ich es mit ihr für alle Zeiten verdorben – und nicht nur mit ihr. Mein Verhalten hätte sich nur zu schnell herumgesprochen, und ich wäre auch bei allen anderen Nachbarn unten durch.

Ronnie befand, wenn er nicht jederzeit jemandem sagen könne, er habe im Augenblick keinen Bock mit ihm zu reden, würde er in einer solchen Gesellschaft nicht leben mögen. Das tut er ja auch nicht.

Aber auch hier haben manche Schwierigkeiten mit derartiger Unverbindlichkeit. Annette beispielsweise. Sie kannte die Hafenstraße von vielen Besuchen, wußte also ziemlich gut, worauf sie sich einließ, als sie nach langer Überlegung schließlich beschloß, dort einzuziehen. Sie schreibt über ihre diesbezüglichen Erfahrungen: »Der Alltag der Hafenstraße brach über mich herein, kein heimeliges Nest erwartete mich, keine kollektive, verschworene Gemeinschaft schloß mich in die Arme. Die anderen waren irgendwie immer beschäftigt und weg, und ich hockte reichlich verloren da.«

Niemand hat etwas gegen Annette, ein solches Verhalten ist nicht persönlich gemeint. Das ist mir inzwischen klar, dennoch bleibt das Gefühl, etwas Falsches gesagt zu haben oder unwissentlich jemandem zu nahe getreten zu sein.

Bei Josef wird dieses Gefühl zur Gewißheit. Seit er ins Haus 116 umgezogen ist, scheint er mich nicht mehr zu kennen, sieht an mir vorbei; ein kurzes Hallo ist das höchste der Gefühle. Aus London schreibe ich ihm eine Karte, er reagiert nicht darauf. Ich lade ihn zu uns ein. Er will anrufen, ruft aber nicht an. Mein zwingender Eindruck: Er hat etwas gegen mich. Ich spreche ihn darauf an.

Erst versteht er überhaupt nicht, worauf ich hinaus will, dann fällt er aus allen Wolken. Ich solle ihm um Himmelswillen sagen, wie ich darauf komme. Es tut ihm sichtlich leid, einen solchen Eindruck erweckt zu haben, und daß ich so von ihm dächte.

Es ist eine Sache, eine andersartige Normalität zu konstatieren, eine ganz andere hingegen, sich darin adäquat zu verhalten. Ich hatte mit meiner Vermutung völlig daneben gelegen.

Habe ich aus meiner Fehleinschätzung gelernt? Bedingt. Jill pflegt mich freundlich zu umarmen, wenn wir uns längere Zeit nicht gesehen haben. Einmal gehe ich mit offenen Armen auf sie zu. Sie sieht mich an, als wolle ich sie belästigen. Ich bin zutiefst erschrocken. Was habe ich ihr getan?

Nichts. Ihr ist heute nicht nach einem derartigen Kontakt. Hatto hat nicht mit mir gesprochen und mich keines Blickes gewürdigt. Zwei Tage später komme ich auf dem Weg nach Hause an seiner Wohnung vorbei. Dort ist eine Party. Er legt mir den Arm um die Schulter, sagt »Komm rein und bleib', wenn du Lust hast.«

In eine andere Party bin ich ganz unabsichtlich geraten. Ich wollte im *Onkel Otto* etwas trinken, darf aber nicht bezahlen. Joost feiert seinen Geburtstag. »Da ist das Büfett«, sagt er zu mir, »bedien' dich.«

Fazit:

Unverbindlichkeit prägt sehr weitgehend das Verhalten im Hafen. Man sagt Hi oder Hallo, redet miteinander oder läßt es bleiben. Man ist zurückhaltend mit Intimität, kommt sich möglichst nicht zu nahe. Selbst mit Bitte und Danke wird sparsam umgegangen. Läßt man sich auf intensivere Kontakte ein, dann in der Regel nur für den Augenblick. Eine Verpflichtung entsteht daraus nicht, sie würde einengen.

Man vermeidet auch die spontane Identifikation mit dem Gegenüber, stimmt ihm nicht zu aus reiner Höflichkeit. Man wahrt seine Autonomie und respektiert die des anderen. Man lebt nebeneinander miteinander.

Die Unverbindlichkeit geht bis zum Anrufbeantworter: »Wir sind nicht da, Sie können eine Nachricht hinterlassen.«

Aber man läßt niemanden im Stich. Wer Probleme oder Schwierigkeiten hat, für den ist man da – er muß sich jedoch bemerkbar machen. Dazu genügt es, den Nächstbesten anzusprechen, ihm zu sagen, daß man sich mies fühlt, und er mal ein bißchen mit einem reden soll. Selbst Hatto hätte dann sein Starren aufgegeben und ihm zugehört.

OPERATION HAFENKRANKENHAUS

Die Besetzung der Häuser an der Hafenstraße ist inzwischen Geschichte. Die Auseinandersetzungen zwischen der Hafenstraße und der Staatsmacht sind heute nur noch in großen Zügen bekannt. Von den internen Vorgängen hat man schon damals wenig gewußt. Rätselhaft geblieben ist bis heute die Strategie der Hamburgischen Landesregierung. Immer wieder haben die Politiker Zielvorgaben gegenüber der Hafenstraße gemacht, sie aber kaum jemals erfüllen können. Standpunkte mußten dauernd aufgegeben, zumindest revidiert werden, obwohl von Seiten der Hafenstraße stets nur geringe Zugeständnisse gemacht wurden. Wie die Besetzer dachten und fühlten, ist so gut wie gar nicht bekannt geworden.

Im Jahre 1997 ergab sich nun eine Situation, die der damaligen in den besetzten Häusern der Hafenstraße ähnlich war: Die Besetzung des Hamburger Hafenkrankenhauses, an der mehrere Bewohner der Hafenstraße beteiligt waren. In einer entscheidenden Phase war ich dabei und kann daher aus erster Hand über die Vorgänge berichten, insbesondere über das Wechselspiel zwischen Besetzern, der Politik und der Öffentlichkeit.

Hausbesetzung aktuell

Wie die Balduintreppe nicht irgendeine Treppe ist, so ist das Hafenkrankenhaus nicht irgendein Krankenhaus. Ein beträchtlicher Teil der Patienten stammt vom Kiez: Seeleute, Zuhälter, Prostituierte, Stadtstreicher; aber auch jene gestandenen St.-Paulianer gehören dazu, die nichts mit der Vergnügungsmeile zu tun haben. Man weiß mit ihnen umzugehen, mit den einen wie mit den anderen, dafür ist das Hafenkrankenhaus bekannt und im Stadtteil beliebt. Ein betrunkener chinesischer Matrose mit einem Kieferbruch, im Fachjargon »St.-Pauli-Fraktur«, erregt bei Schwestern und Ärzten so wenig Befremden wie ein Obdachloser, dessen Unterwäsche an einigen Stelle schon mit der Haut verwachsen ist. Jeder wird gleich behandelt.

Nun soll das Hafenkrankenhaus geschlossen werden – Sparmaßnahme. Ähnlich wie zuvor in der Hafenstraße würde dem Senat dadurch ein Grundstück in bester Lage und mit dementsprechendem Marktpreis zur Verfügung stehen.

Es gibt Proteste. Die Belegschaft reagiert mit einer Demonstration und sammelt 50.000 Unterschriften gegen die Schließung. Sie werden der zuständigen Senatorin Fischer-Menzel übergeben. Die schickt sie den Absendern kommentarlos zurück.

Das erbittert. Der Widerstand wächst und organisiert sich. An die zweihundert Leute aus verschiedenen Interessengruppen versammeln sich in der VoKü der Hafenstraße. Thema: Maßnahmen für den Erhalt des Hafenkrankenhauses. Die Initiative EIN STADTTEIL STEHT AUF wird gegründet, Aktionen geplant und durchgeführt: Ein Mahngottesdienst in der Michaeliskirche, ein Fackelzug über die Reeperbahn, und dann an jedem Montag eine Demonstration. Dazu läuten die Glocken der St.-Pauli-Kirche. Auf einem Transparent an Haus 116 ist zu lesen: Die Hafenstraße ist erkämpft, jetzt kämpfen wir für den Erhalt des Hafenkrankenhauses.

Die Maßnahmen zeigen Wirkung: Das Hafenkrankenhaus bleibe erhalten, heißt es auf einer Pressekonferenz im Rathaus. Das erweist sich indes als Fehlinformation. Vier Tage später wird es geschlossen, einschließlich der Notfallambulanz. Der Beschluß dafür wird mit einer Stimme Mehrheit gefaßt, der der Senatorin Fischer-Menzel.

Zu Hunderten gehen die St.-Paulianer protestierend auf die Straße. Sie wollen »ihr« Krankenhaus behalten. Selbst die Prostituierten zeigen sich solidarisch. Sie legen für einige Stunden ihre Arbeit nieder.

Und dann wird das Hafenkrankenhaus besetzt, das heißt: eine Station, die Station D, und zwar im Einverständnis mit den Beschäftigten und mit freundlicher Duldung durch den Chefarzt. Das macht Schlagzeilen und führt zu einem ersten Erfolg: Bürgermeister Voscherau sichert den Erhalt der Notfallambulanz zu. Sie soll am 1. März wieder eröffnet werden.

Daraus wird jedoch nichts. Der LBK, Landesbetrieb Krankenhäuser, Betreiber aller öffentlichen Kliniken der Stadt, stellt sich quer. Sein Verdikt: keine Unfallambulanz, solange Besetzer im Hause sind.

Auf einem öffentlichen Plenum soll die Lage besprochen und die Taktik festgelegt werden. Ich nehme daran teil.

Die Situation ist klar, und es gibt zwei Alternativen: Nachgeben, um ein Teilziel zu erreichen, oder weitermachen. Die Leute von der Hafenstraße hatten seinerzeit nicht nachgegeben, kompromißlos auf ihren Maximalforderungen bestanden. Wider alle Vernunft, wie es schien. Am Ende obsiegten sie. Aber läßt sich ihre Unbeugsamkeit auf die Situation im Hafenkrankenhaus übertragen?

Es wird heftig diskutiert. Die einen plädieren für einen taktischen Rückzug, für einen vorübergehenden Abbruch der Besetzung, damit die Notfallambulanz wieder eröffnet und die Leute wieder versorgt werden könnten, darauf komme es schließlich an.

Die anderen, und zu ihnen gehören die Besetzer, halten es für Unfug, freiwillig das stärkste Druckmittel aus der Hand zu geben. Außerdem müsse der geplante Abtransport des medizinischen Inventars verhindert werden. Sei das erst weg, werde das Hafenkrankenhaus nie mehr eröffnet. Statt zu weichen, fordern sie, initiativ zu werden.

Ihnen wird vorgeworfen, sie handelten gegen die Interessen der Kranken wie des Stadtteils. Außerdem würde die Ambulanz womöglich überhaupt nicht mehr eingerichtet, weil sich inzwischen die Versorgung an anderen Stellen eingespielt habe. Dann spare der Senat Millionen und sei den Besetzern sogar noch dankbar.

Die Debatte wird heftiger, die Fronten verhärten sich, man fängt an, sich gegenseitig zu beschimpfen. In der Sache gibt es keine Fortschritte, und nach fast drei Stunden geht man ohne Ergebnis, geschweige einen Beschluß auseinander.

Ich komme mit einer Frau namens Sanja ins Gespräch. Sie hat früher einmal in der Hafenstraße gewohnt, war beim Kampf um die Häuser dabei. Bei dem endlosen Gerede sei überhaupt nichts herausgekommen, halte ich ihr vor.

»Warten wir es mal ab«, antwortet sie.

Drei Tage später besuche ich die Besetzer. Ich habe zwanzig Berliner Pfannkuchen für sie dabei. Aber nur Sanja ist da; sie hütet allein das Haus, das heißt: die Station D. Die anderen sind demonstrieren gegangen, Folge eines spontanen Entschlusses beim Frühstück. Ich könne sie noch erreichen, meint Sanja, sie seien zur Reeperbahn gezogen.

Dort finde ich sie auch, ausgerüstet mit Transparenten, Megaphon, zwei Krankenhausbetten mit von Binden umwickelten »Kranken« darin. Mitten auf der Reeperbahn versperren sie eine Kreuzung. Ich setze mich dazu, und zwar neben Jill. Sie hat vorsorglich ein Kissen mitgebracht, bietet mir davon die Hälfte an.

Die Polizei leitet den Verkehr um, greift nicht ein, sagt nichts, obwohl die Demonstration nicht angemeldet ist. Eine Stunde sitzen wir illegal in der Sonne, dann ziehen wir zur großen Kreuzung am Anfang der Reeperbahn. Auch lahmlegen? ist die Frage. Es setzt sich jedoch die Erkenntnis durch, daß wir zu wenige sind, eine größere Aktion besser vorbereitet sein muß.

Die erfolgt zwei Tage später nach der Devise: Nicht vom Druck reden, sondern ihn ausüben.

Die Station F wird aufgebrochen und besetzt, ferner ein Bereitschaftstrakt mit Beschlag belegt, damit mehr Betten für die Besetzer zur Verfügung stehen. Ich bin dabei und zusammen mit anderen neu Hinzugekommenen finde ich mich in einem Konferenzzimmer ein. Wir stellen uns vor, sagen, warum wir hier sind. Dann gibt Ronald, auch ein Hafensträßler, klare Anweisungen: Nicht in den Zimmern rauchen, kein Alkohol auf dem Gelände des Krankenhauses, nicht einmal einen Kugelschreiber einstecken.

Für den Fall eines Polizeieinsatzes gilt: in diesem Raum sammeln; wer zuletzt ein Zimmer verläßt, legt ein Kissen vor die Tür, damit keiner vergessen wird. Frauen mit Kindern verlassen das Gebäude über den Hinterausgang. Die anderen sollten passiven Widerstand leisten, sich notfalls forttragen lassen. »Aber aufpassen«, mahnt Ronald, »manchmal lassen einen die Bullen mit Absicht fallen.«

Zum Schluß macht er auf die Konsequenzen aufmerksam: Anklagen wegen Hausfriedensbruchs und Sachbeschädigung seien denkbar, aber eher unwahrscheinlich, es sei denn für ein-schlägig Vorbestrafte. Die sollten sich im Haus verstecken, bis die Polizei fort sei.

Der Anwalt der Besetzer erscheint. Die Ausweitung der Be-setzung sei nicht unbemerkt geblieben, das Krankenhaus wer-de verstärkt von der Kripo observiert, berichtet er. Der LBK dränge auf eine gewaltsame Räumung. Nach seinen neuesten Informationen liege die Wahrscheinlichkeit dafür bei über 90 Prozent

Ronald nimmt mich beiseite. Ich sei ja zu einem dramati-schen Zeitpunkt gekommen. Ob ich mir die möglichen Fol-gen überlegt hätte.

Das hätte ich, versichere ich ihm.

Abendplenum

Die Moderatoren wechseln, wie es sich gerade ergibt. Es äußern sich Akademiker wie Arbeitslose und Berufsdemon-stranten. Man ist direkt, deutlich, offen.

Die Aufgaben werden verteilt: Wer ruft den Senator an? Jill? Sie lehnt ab, dafür sei sie zu hektisch. Also Christin? Okay. Niemand hat Hemmungen vor einer politischen Größe. Wer kopiert? Wer faxt? Wer schreibt den Text für das nächste Flugblatt? Wer redigiert ihn? Wer beschafft Papier? Die Wa-chen und der Telefondienst werden eingeteilt.

Abweichende Meinungen werden hart kritisiert, führen aber nicht zur Ausgrenzung desjenigen, der sie vertreten hat. Sanja meint dazu: »Du kannst seine Meinung bescheuert fin-den, aber doch nicht den Menschen.«

Birgit kommt aus dem Büro und verkündet: »dpa meldet, Besetzer planen Barrikadenbau!«

Das löst helle Empörung aus, weil es schlicht nicht wahr ist.

Jill meldet sich zu Wort: »Na ja«, meint sie, den Anlaß dazu habe vermutlich sie gegeben. Auf die Frage eines Journali-sten, wie sie den Abtransport medizinischen Geräts verhin-dern wollten, habe sie gesagt, sie würden notfalls Betten als Barrikaden vor die Türen stellen. »Sorry«, fügt sie bedauernd hinzu.

Es gibt keine Vorwürfe, keine Debatte über Jills Verhalten. Wichtig ist allein, wie man jetzt reagiert. Alle sind sich darin einig, die Meldung muß dementiert werden. Birgit hat die Telefonnummer der dpa schon herausgesucht. Ronald ruft dort an. Sachlich und bestimmt stellt er die Sache richtig.

In der Nacht schrecken viele hoch, wenn Polizeisirenen ertönen, was hier auf St. Pauli häufig geschieht. Doch wir bleiben verschont – noch.

Um 5 Uhr morgens gehe ich mit Jill Wache. Wir sind nicht die einzigen, aber die anderen tun jenseits des Zauns ihren Dienst: Polizisten. Auf dem Gelände ist es ruhig. Jill erzählt von den Jugendlichen, die sie betreut, ich berichte einiges von meinen ehemaligen Schülern. Allmählich beginnt der Autoverkehr, ansonsten bleibt es ruhig. Zurück auf der Station treffen wir Birgit und Sanja beim Kaffeetrinken. Sie haben kaum geschlafen, sitzen übermüdet und beklommen da. Sie haben sich vehement für die Ausweitung der Besetzung eingesetzt. Wenn geräumt wird, fühlen sie sich dafür verantwortlich, und das lastet auf ihnen.

In den Morgenzeitungen heißt es, der LBK werde die Ausweitung der Besetzung nicht hinnehmen. Es wird jedoch nicht geräumt, sondern verhandelt. Unter Leitung von Senator Mirow sitzen sich Senatsvertreter und Besetzer an einem »Runden Tisch« gegenüber und einigen sich schließlich: Die Ausweitung der Besetzung wird zurückgenommen, sofern die Ambulanz wieder eröffnet wird. Darüber hinaus wird den Besetzern zugesichert, daß bis Juni kein Inventar abgefahren wird, das Krankenhaus also betriebsbereit bleibt, und daß man sie über alle geplanten Maßnahmen rechtzeitig informieren werde. Und der »Runde Tisch« soll zu einer ständigen Einrichtung werden.

Die Ambulanz wird eröffnet. Die Besetzer bleiben, werden zu Miete zahlenden »Nutzern« umfirmiert, die sich in der Station D Gedanken machen sollen über die Zukunft des Hafenkrankenhauses als eines Gesundheitszentrums. Die Miete wird von der Stadt bezahlt.

Auf der Station D wird gefeiert.

Ich stoße mit Sanja an. »Siehst du«, sagt sie, »bei unserem

endlosen Gerede im Plenum ist nichts herausgekommen, und doch hat sich etwas getan.« So sei es häufig bei Plenen, meint sie, sie lösten eine Art dynamischen Prozeß aus, der die Sache weiter bringe.

Die Bohrung

Ich stehe auf der Telefonliste der Station D. Eines Tages holen mich die Besetzer um halb sechs aus dem Bett. Gefahr sei im Verzug, und ich möge bitte kommen.

Die Situation ist folgende: Auf dem Gelände des Krankenhauses sollen Probebohrungen vorgenommen werden – erster Schritt für Abriß und Neubau. Die offizielle Information ist am Abend zuvor erfolgt, also nicht rechtzeitig, wie von Senator Mirow versprochen. Die Bohrungen sollen verhindert werden, und darum hat man alle zur Mitwirkung bereiten Leute angerufen.

Mannschaftswagen der Polizei und Streifenwagen stehen an allen Eingängen; rund ums Gelände gehen Polizeibeamte Streife; Wagen und Geräte der Bohrfirma stehen vor dem Haupteingang.

Man werde niemanden hereinlassen, hat Ronald der Polizei mitgeteilt.

Im Kommandowagen herrscht lebhafter Betrieb; es wird konferiert und telefoniert mit dem Ergebnis, daß sich Prominenz auf den Weg zum Hafenkrankenhaus macht.

Es erscheint Architekt B., Vorstandsmitglied des LBK, zuständig für Baumaßnahmen, mit zwei Begleitern, ein höherer Polizeioffizier in lässiger Lederjacke und einige weitere Offiziere sowie etliche Behördenvertreter. Auch Frau Meier-Reimer, die Staatsrätin von Senator Mirow, ist unterwegs.

Ein Beamter erkundigt sich danach, wo man gedenke, die Frau Staatsrätin zu empfangen. »Na, hier, vor dem Tor«, bekommt er zur Antwort. Es ist kalt, windig und regnerisch.

Vom Rathaus kommend, fährt Frau Meier-Reimer in ihrem Dienstwagen vor, und die Staatsvertreter scharen sich um sie. Sie trägt keinen Regenmantel, Herr B. auch nicht. Einige Besetzer nähern sich ihr schlendernd; die anderen stehen in Grüppchen und klönen. Die meisten tragen mehr oder weniger dunkle Anoraks – ihnen macht das Wetter nichts aus. Man sagt »Guten Morgen«, das Fernsehen filmt.

Wo das Problem sei, fragt die Senatsvertreterin. Man wolle bohren, darüber sei wie besprochen informiert worden, und ein Präjudiz für irgendwelche Baumaßnahmen sei dadurch nicht gegeben. »Überhaupt nicht, absolut Null«, fügt sie hinzu. Die Interessen der Bürgerinitiativen würden also in keinster Weise verletzt.

Ihre Gesprächspartner zeigen sich nicht beeindruckt. Rechtzeitig hätte informiert werden müssen, so sei es am »Runden Tisch« zugesagt worden, und daran habe man sich nicht gehalten, hält ihr Sanja vor, wobei sie die Staatsrätin duzt wie damals Hatto den Senator Mirow. Ronald erklärt, eine rechtzeitige Information sei aber unabdingbar, damit man sich bei einem neutralen Fachmann nach der Bedeutung und der Tragweite einer solchen Bohrung erkundigen könne, denn die Erfahrungen hätten gezeigt, daß den Versicherungen des Senats nur bedingt zu trauen sei. Axel weist auf das massive Polizeiaufgebot hin, das mißtrauisch machen müsse, und stellt klar, daß man gegen jede Maßnahme sei, die den Fortbestand des Hafenkrankenhauses gefährde.

Das sei ein ganz anderes Thema, wehrt die Staatsrätin ab.

Keineswegs, hält man ihr entgegen, dies sei und bleibe das zentrale Anliegen der Initiative Hafenkrankenhaus.

In dieser Weise argumentiert man weiter, der Ton ist sachlich, manchmal sogar freundlich. Die Staatsrätin wird gelegentlich von ihren Beamten unterstützt, auch B. steuert einiges bei. Der Polizeioffizier sagt nichts, der Chef der Bohrfirma beklagt den Zeit- und Geldverlust, wofür die Besetzer Verständnis zeigen. Sanja ist heute deren Wortführerin, aber auch andere äußern sich, wenn ihnen etwas einfällt, und so geht es fast eine halbe Stunde. Heraus kommt dabei nichts.

Ungnädig stellt Architekt B. das fest, und er hält es für wenig sinnvoll, hier noch länger im Regen zu stehen. Er schlägt vor, endlich zu einem Beschluß zu kommen. Allgemeines Nicken. Doch die Staatsrätin muß telefonieren, bevor etwas Endgültiges entschieden werden kann, und begibt sich ins

Pförtnerhaus. Ihr Anhang folgt ihr, offenbar froh darüber, dort ein Dach über dem Kopf zu haben.

Die Besetzer versammeln sich an einem langen Tisch, der quer auf der Zufahrt steht. Darauf stehen Kaffee, Tee und Brötchen bereit. Man bedient sich.

Nach kaum zehn Minuten ist die Entscheidung gefallen: Die Bohrfirma muß unverrichteter Dinge abziehen. Damit ist auch die Polizei überflüssig geworden und fährt weg, die Staatsrätin entschwindet in ihrem BMW, und die Beamten kehren zurück an ihre Schreibtische.

Die Besetzer frühstücken zu Ende, dann verabschieden sich die Helfer, und die Ex-Besetzer gehen zurück in die Station D, den Tisch und die Kannen nehmen sie mit.

Meinungen

Am nächsten Tag rufe ich die Staatsrätin an.

Im Gegensatz zu den leitenden Beamten der Tiefbauabteilung hat Frau Meier-Reimer eine eigene Meinung und redet offen und geradeheraus.

Eine Menge Prominenz sei erschienen, um mit den Besetzern zu verhandeln, hätte aber nichts erreicht und nichts bewirkt, halte ich ihr vor.

Sie verwahrt sich dagegen, daß es sich um Besetzer gehandelt habe, was formal richtig ist; laut Vertrag sind sie Nutzer. Dann fragt sie: »Wieso Prominenz?«

Sie als Staatsrätin sei prominent, versichere ich ihr, ein Vorstandsmitglied des LBK nicht minder, ferner seien höhere Polizeioffiziere erschienen und weitere leitende Beamte, ein beträchtliches Aufgebot also. Bedenke man das Ende, sei der ganze Aufwand indes umsonst gewesen.

»Umsonst?« fragt sie erstaunt. Sie sei mit der Aktion äußerst zufrieden gewesen.

Ich äußere mich verwundert darüber. Es habe gebohrt werden sollen; das sei angeordnet gewesen. Die Bohrfirma habe mit ihren Geräten vor dem Tor gestanden, es sei jedoch nicht gebohrt worden.

Ihr Ziel sei nicht gewesen, die Bohrung durchzusetzen, erwidert sie, die sei sowieso nicht so wichtig. Sie habe erreichen wollen, daß alle friedlich auseinandergehen, und das sei geschehen.

Die Friedlichkeit sei zu keinem Zeitpunkt gefährdet gewesen, halte ich ihr entgegen. Und wenn, wie sie sage, Deeskalation die Taktik der Behörde gewesen sei, wieso waren dann an allen Eingängen Polizeifahrzeuge aufgefahren?

Polizeieinsätze fielen nicht in ihren Kompetenzbereich, meint sie. Was das Inhaltliche betreffe, gibt sie zu, daß es ungeschickt gewesen sei, zu diesem Zeitpunkt die Bohrungen durchführen zu wollen. Dafür sei jedoch nicht sie, sondern die Planungsabteilung der GWG (Gemeinnützige Deutsche Wohnungsbaugesellschaft, Organ der staatlichen Wohnungspolitik) verantwortlich gewesen, die aber nichts von den Verhältnissen auf dem Gelände des Krankenhauses gewußt habe. Ansonsten hätten sich beide Seiten auf Formalien zurückgezogen, wobei die späte Benachrichtigung in der Tat nicht ganz korrekt gewesen sei. Letztendlich sei aber ein Ergebnis herausgekommen, mit dem beide Seiten leben könnten.

»Die ›Nutzer‹ können gewiß sehr gut damit leben«, pflichte ich ihr bei.

Auch das Vorstandsmitglied des LBK, Architekt B., gibt bereitwillig Auskunft. Was Strategie und Taktik betreffe, sagt er, sei dafür das LBK nicht zuständig gewesen, genau so wenig wie für die Bohrungen. Er sei eigentlich nur vorbeigekommen, weil das Hafenkrankenhaus auf seinem Weg gelegen habe.

Ich möchte wissen, warum er sich, quasi als Hausherr, vor der Tür habe abfertigen lassen.

Er sei es seinen Leuten, wie den Pförtnern, schuldig gewesen zu erscheinen, und auch wenn der LBK nicht direkt betroffen war, habe er sich doch informieren wollen.

»Aber dafür eine halbe Stunde im Regen palavern?« insistiere ich.

Er habe das nicht persönlich genommen, antwortet er, sich vielmehr das Kasperltheater amüsiert angeguckt.

Nun, ich habe neben ihm gestanden, sonderlich amüsiert hat er nicht ausgesehen.

Zur Taktik der Behörden meint er, die sei für ihn kein Thema, sondern Sache der Politik, die müsse mit der Situation fertig werden.

Ich berichte von meinem Gespräch mit der Staatsrätin und ihrer Meinung, eine erfolgreiche Friedensmission erfüllt zu haben.

Dazu stellt er fest, die Politiker seien zunehmend nervös, was bei einigen bis zur Hysterie gehe. Man habe panische Angst, die autonome Szene gegen sich aufzubringen. Die Devise sei folglich: schlichten, beruhigen, abwiegeln. Dementsprechend scheue man ängstlich davor zurück, energische Maßnahmen zu ergreifen. Auch die Polizei verspüre keinerlei Lust, das Hafenkrankenhaus zu stürmen. Das aber hätte geschehen müssen, und zwar gleich nach der Ausweitung der Besetzung, wie es der LBK gewollt habe. Im Gegensatz zu der Situation seinerzeit in der Hafenstraße wäre, so meint er, eine Räumung juristisch problemlos und ohne großes Risiko möglich gewesen. Dennoch sei nichts unternommen worden und werde nichts unternommen, und man halte den LBK hin. In seinem Hause habe man dafür kein Verständnis. Alles, was im Hafenkrankenhaus nunmehr seit Monaten festliege, fehle den anderen Krankenhäusern, die sich verständlicherweise beschwerten. Und täglich koste der Unterhalt Geld.

»Und das«, sage ich, »bewirken kaum mehr als zehn Leute, die in der Station D sitzen und alles blockieren, anstatt brav Pläne für ein Gesundheitszentrum zu entwickeln, wie sie es laut Vertrag sollten.«

Der Staat müsse eben von seinem Gewaltmonopol, das er aus guten Gründen habe, gegebenenfalls auch Gebrauch machen, antwortet er. Daran mangele es hier. Er nennt auch die Gründe: Es gebe zu viele Verflechtungen vom linken Rand der SPD zum DKP-Kader der ÖTV, zu den Grünen und von da direkt zu den Besetzern.

Auf meine Frage nach seiner Einschätzung der Lage entgegnet er: Vor der Wahl werde sich gar nichts mehr tun, danach hoffe er auf eine Lösung.

Wie er sich die vorstelle?

Wenn es nach ihm ginge, würde er das Inventar abtransportieren lassen.

Das dürfte nicht so einfach sein, gebe ich zu bedenken.

Er würde eben einige Möbelleute mehr mitschicken, die mit den paar Besetzern schon fertig würden.

Und die Besetzer selbst?

Für die Idee mit den Möbelleuten haben sie nur ein müdes Lächeln, und von einem DKP-Kader in der ÖTV hat noch niemand etwas gehört. »Totaler Quatsch«, sagt Hannes, und der muß es wissen als altgedienter Gewerkschafter.

Und die autonome Szene? Damals habe es die gegeben, gewiß, aber heute ein paar hundert Leute zu mobilisieren, sei wohl eher eine Utopie.

Ronald findet die Angst der Politiker bedenklich, egal, ob berechtigt oder nicht. Angst sei gefährlich, meint er, nur zu schnell resultiere aus Angst Gewalt.

Ich möchte wissen, warum man die Leute vor dem Tor und im Regen abgefertigt habe. Ob man sie habe brüskieren oder gar demütigen wollen.

Das sei nicht beabsichtigt gewesen, bekomme ich zur Antwort. Es habe jedoch einen Plenumsbeschluß gegeben, keine Regierungsvertreter in die Station D zu lassen; demgemäß sei man verfahren. Und speziell gegen Frau Meier-Reimer hätten sie nichts.

Sie nehmen ihr die Friedensmission ab. Aber das sei eben nur die eine Seite. Die andere sei das spektakuläre Polizeiaufgebot, gewissermaßen eine Doppelstrategie. »Wie beim Polizeiverhör: ein guter und ein böser Bulle«, meint Axel.

Fazit:

Die Besetzer haben es nicht geschafft, das Hafenkrankenhaus zu erhalten. Doch immerhin ist das Gelände des Hafenkrankenhauses nicht an den Meistbietenden verkauft worden, um die leere Hamburger Staatskasse aufzufüllen. Die Notfallambulanz ist erhalten geblieben, wenn auch ohne Intensivstation und Krankenbetten. Und das Grundstück ist zur Nutzung für soziale Zwecke vorgesehen. Konkrete Pläne für ein »Sozial-

und Gesundheitszentrum« liegen vor und stehen kurz vor der Verwirklichung.

Ferner haben es die Besetzer durchgesetzt, daß sich die Planungen nicht hinter verschlossenen Türen abspielen, sondern öffentlich und unter Einbeziehung der ehemaligen Besetzer und anderer Bürgerinitiativen. Dafür hat man das FORUM ST. PAULI unter Vorsitz von Senator Mirow gegründet, den »Runden Tisch«.

PLENUM

Der Verein Hafenstraße hat zu einem Hafenplenum eingeladen, das heißt zu einem Gesamtplenum aller Bewohner. Eine entsprechende Ankündigung hängt in der VoKü, von Leon künstlerisch gestaltet. Fernerhin hat Gernot, Vorstandsmitglied im Verein Hafenstraße, dazu einen ausführlichen Brief geschrieben und schön groß auf DIN A3 kopiert, damit er auch auffällt und beachtet wird. Ausreichend viele Exemplare hängen in allen Treppenhäusern, meist auf einen Nagel gespießt.

»Es ist soweit«, lautet die Überschrift, und dann heißt es in radikaler Kleinschreibung: »wie gewünscht steht uns – den bewohnerinnen und bewohnern der ehemals besetzten, mythenumwobenen und legendären hafenstraßenhäuser – eine hochinteressante, spannende und nervenzermürbende diskussion ins haus.«

Das Faktum ist: Von den 31 000 DM Mieteinnahmen, die in diesem Monat vorhanden sein müßten, sind nur 15 000 DM eingegangen. Die Reserven sind aufgezehrt, der Verein steht vor der Pleite.

Es ist nach langer Zeit das erste Plenum zu einem allgemeinen Problem, sonst fanden nur Bauplenen statt, allerdings oft mehrmals in der Woche, und, zunehmend weniger, Hausplenen.

Es wäre für mich natürlich ein großartiger Abschluß meiner Besuche in der Hafenstraße, an diesem Plenum teilzunehmen, das aber erscheint unmöglich. Es geht hier um Probleme, die lediglich die Bewohner angehen; und überhaupt hat noch kein Fremder in den vergangenen sechzehn Jahren an einem Plenum der Hafenstraße teilgenommen – schon gar niemand, der darüber zu schreiben beabsichtigt.

Dann aber unterhalte ich mich zufällig mit Olaf über das am Sonntag stattfindende Plenum. Er würde sich ganz nach hinten setzen und sich noch sehr überlegen, ob er überhaupt den Mund aufmachen wolle, erklärt er mir.

Ich würde dabei gern neben ihm sitzen, sage ich, nicht ganz ernst gemeint.

Das könne er nicht bestimmen, sagt Olaf.

Damit hat er durchaus recht. Niemand kann das bestimmen, allein darum, weil es eine Instanz, die dazu befugt wäre, schlechterdings hier nicht gibt.

Er könne es mir aber auch nicht untersagen, fügt er dann hinzu.

War das nun eine Ermutigung oder lediglich eine Feststellung? Ganz am Anfang hatte mir Holger einmal kurz und bündig geraten: »Frag' nicht so viel, tu einfach.«

Ich beschließe, mich danach zu richten und fahre am Sonntag in die Hafenstraße. Mehr als hinauswerfen können sie mich schließlich nicht. Dennoch ist mir reichlich unwohl dabei.

Ich erscheine pünktlich, und wie das hier so üblich ist, sind erst ein paar Leute da, unter anderem Sigi. Ich setze mich zu ihm, und er ist nicht im mindesten erstaunt über meine Anwesenheit. Was aber besagt das schon, Sigi ist neu hier, dazu einer der jüngsten.

Kleckerweise füllt sich die VoKü. Fraglos werde ich wahrgenommen, aber keiner beachtet mich. Es kommt aber auch niemand, mir zu erklären, daß meine Neugier zu weit gehe und ich besser verschwände.

Man sucht sich seinen Platz, sitzt auf Barhockern oder im Sofa, hockt oder liegt auf Tischen, lehnt am Tresen. Holger sitzt quer auf der Fensterbank, ein anderer im Sessel, ein Mädchen auf der Lehne. Eine kleine Gruppe steht an der Tür. Vor dem Ofen liegt ein schwarzer Hund.

Scheinbar planlos haben sich die Leute niedergelassen, sich dabei aber harmonisch im Raum verteilt – selbst der Hund hat sich in dieses Bild eingepaßt. Überdies gibt das Abendlicht der Szenerie einen ungewohnten Glanz, einen Hauch von Romantik. Aber auch von Unwirklichkeit, als handele es sich um ein Bühnenbild.

Natürlich eröffnet niemand die Sitzung, es gibt keinen Vorsitzenden, keinen Leiter, keinen Sprecher. Es gibt auch keine Tagesordnung, lediglich den Brief von Gernot, und dadurch ist das Thema gegeben: die nicht ausreichend eingehenden Mieten. Aber, wie so oft hier, kommt es ganz anders. Einer steht von seinem Stuhl auf, was ganz ungewöhnlich ist, verkündigt: »Julia muß raus« und setzt sich wieder. Es wird schlagartig still.

Julia sitzt auf einem Tisch direkt hinter mir neben ihrem Freund Joost. Es geht jetzt offenbar um etwas sehr Privates. Ich komme mir wie ein Eindringling vor und habe das Gefühl, mich ganz klein machen zu müssen. Ich tue es nicht, soviel habe ich hier inzwischen begriffen.

Die Stille währt nicht lange, und dann ist es, als bräche ein Damm; die Emotionen gehen hoch. Und sie richten sich gegen eine der ihren, gegen Julia, ein hier geradezu unerhörter Vorgang. Von allen Seiten artikuliert sich offenbar lang aufgestauter Unmut: Der Zustand sei unerträglich, so könne es nicht weitergehen, Julia und ihre Probleme seien nicht mehr auszuhalten.

»Wir haben immer wieder mit ihr geredet, und es hat nichts genützt.«

»Sie hört überhaupt nicht zu.«

»Sie weigert sich, eine Therapie zu machen.«

Sie bemühe sich nicht..., sie wolle nicht..., sie müsse raus.

Man hört hier selten laute Worte, und noch seltener werden überschwengliche Gefühle gezeigt. Kommt es dazu, muß schon einiges passiert sein, und das ist es auch.

Julia unterbricht die Flut von Angriffen und Vorwürfen: »Rausschmeißen wollt ihr mich also!« ruft sie, nein, schreit sie, rutscht dabei herunter vom Tisch und bewegt sich zur Mitte des Raumes. Sie sieht gut aus, und ihre Kleidung unter-

streicht das: Designerbluse, seidig glänzende Hose, frisch ge-
waschenes, offenes Haar. Aber das nützt ihr alles nichts. Der
Eindruck, den sie fraglos zu machen wünscht, wird zunichte.
Ihr Gang ist disharmonisch, sie schlenkert unkontrolliert mit
den Armen, und ihre Sprache ist verwaschen, als sei sie an-
getrunken, was sie nicht ist.

Sie steht jetzt am Ofen, der Hund hat sich verdrückt. Vermutlich steht sie nicht zufällig an dieser Stelle: fast genau in
der Mitte des Raumes und von den Strahlen der tief stehen-
den Sonne beleuchtet. Sie bietet ein schönes Bild – und wiederum doch nicht. Denn, wenn kein Wunder geschieht, ist sie
durch ihre Sucht verloren.

Sie blickt in die Runde und sagt dann leise, aber gehässig:
»Ihr wollt mich rausschmeißen, he? Weil ich kokse, weil ich
süchtig bin?« Und dann schreit sie unvermittelt los: »Was geht
das euch an? Was zum Teufel gehen euch meine Privatange-
legenheiten an?« und dieses Thema variiert sie die nächsten
Minuten in immer neuen, manchmal komplizierten Formulie-
rungen, wobei sie viele Sätze nicht zu Ende bringt. Dann fragt
sie höhnisch: »Was heißt überhaupt süchtig? Seid ihr etwa
nicht süchtig? Mit eurem ewigen Hasch? Und was ist mit Saufen? Ihr ekelt mich an, wenn ihr besoffen seid. Und Rauchen?
Ist das etwa keine Sucht? Jeden Morgen wache ich von eurem Scheißraucherhusten auf«, und ebenso ausgiebig wie
weitschweifig beschäftigt sie sich nun mit den Süchten der anderen. Diese Tirade beendet sie mit: »Aber euch schmeißt keiner raus, euch nicht!«

Sie redet mal langsam, mal im Stakkato, stockt, rappelt
dann wieder los. Sie betont an falschen Stellen, ihre Gesten
passen oft nicht zu dem, was sie sagt, und sie verbiegt ihren
Körper mal in die eine, mal in die andere Richtung. Dann
bricht sie mitten im Wort ab, ihre Miene verändert sich, sie
sieht plötzlich aus, als gehe sie das alles hier nichts an. Sie
lehnt sich an den Ofen, faßt unter ihre Bluse, streichelt ihre
Brüste, lächelt dabei selbstvergessen und lutscht an ihrem
Feuerzeug.

Sie scheint leicht irre, was nicht weiter verwundert, voll
von Kokain wie sie ist. Aber so makaber Julia wirken mag,

sie hat Ausstrahlung. Sie ist intelligent und kommt aus gutem Hause. Davon ist immer noch einiges zu spüren. Und sie kämpft, kämpft mit allen Mitteln um ihr Überleben im Hafen.

Man kann sie ablehnen, vielleicht sogar abstoßend finden, aber sie kann einem auch leid tun. Vielleicht möchte man sie einfach mal in den Arm nehmen. Es wäre vergeblich. Sie ist in den Arm genommen worden, und immer wieder hat sich jemand um sie bemüht, denn so ohne weiteres wird hier niemand aufgegeben. Es hat nichts geholfen, die Droge war stärker.

Nun ist die Nachsicht mit ihr zu Ende, viele haben sie satt. Sie rede Scheiß, und das wisse sie auch, bekommt sie zu hören, und zwar von allen Seiten.

In erster Linie sind natürlich die Leute aus ihrem Haus betroffen, die Hundertsechzehner. Ihr Gemeinschaftsleben droht kaputt zu gehen. Lukas ist vor einem Monat ausgezogen, Hanno hat gestern verkündet, er ziehe aus. Die Stimmung ist entsprechend. Sie machen Julia unmißverständlich klar, wie sie über sie denken, daß ihre Geduld zu Ende sei und sie ausziehen müsse.

Ihr Freund Joost ist anderer Meinung. Er findet gemein, wie sie alle über Julia herfallen, Mobbing sei das, befindet er, und sie sollten sich schämen. Er lallt allerdings mehr, als daß er spricht, hält dabei aber eine Dose Cola in der Hand. Auch er ist nicht betrunken. Ihm ist geschehen, was vor Jahren Josef passierte: Er hat seine Partnerin nicht vom Kokain abbringen können und kokst nun selber.

»Danke, Joost«, sagt Julia, und beklagt dann, niemanden sonst hier zu haben, keinen, der sie verstehe, ihr beistehe, ihr helfe, und dann schluchzt sie auf und lehnt sich gegen den Ofen, als ob sie sonst umfallen würde. Sie zieht alle Register.

Vergeblich. Zu oft hat sie schon eine derartige Schau abgezogen.

Gleichwohl wird sie ernst genommen, man geht darauf ein, was sie sagt. Etliche versuchen ihr klar zu machen, daß nicht stimme, was sie da behauptet. Immer wieder sei jemand für sie da gewesen, wenn sie Probleme gehabt oder in Not gewesen sei.

Das sei nicht wahr, begehrt Julia auf, wiederholt ihre Klagen, und verliert sich dabei in eine immer mehr ausufernde Tirade.

Jill versucht sie zu bremsen. »Mein Gott Julia«, sagt sie, »merkst du denn nicht, daß du gar nicht mehr du selbst bist?« Jill erreicht sie nicht mit ihren Worten. Wie sollte sie auch?

Andere haben weniger Verständnis. Wie lange das Gequatsche denn noch weitergehen soll? möchte Olaf wissen. Er werde mal eine Videokamera holen und das hier aufnehmen, dann könne jeder nachher sehen, was für eine Schmierenkomödie sich hier abspiele. Er steht auf und geht hinaus.

Von ganz hinten läßt Hatto sich vernehmen. Er sitzt in der Ecke neben dem Tresen und konstatiert mit seiner markigen Stimme, er hasse harte Drogen, und wer kokse, müsse raus. Eine andere Entscheidung könne es nicht geben.

Es gibt zustimmendes Gemurmel.

Lutz wehrt sich gegen eine solche Verkürzung, tut dies aber auf eine Art und Weise, wie ich sie bei ihm noch nie erlebt habe. Er, der sich wahrhaftig auszudrücken weiß und gewiß nicht unter mangelndem Selbstbewußtsein leidet, spricht in gewundenen Sätzen, bleibt unpräzise, wiederholt sich ständig und benutzt dauernd das Wort irgendwie. Irgendwie, sagt er, habe man hier ein gravierendes Problem, mit dem man irgendwie fertig werden müsse. Das Für und Wider sei gewiß abzuwägen, dies und jenes sei zu bedenken, und in der Art geht es noch eine Weile weiter. Am Schluß seiner weitschweifigen Ausführungen kommt er dennoch zu einer eindeutigen Folgerung: So wie die Dinge sich inzwischen entwickelt hätten, scheine es wirklich nur eine Lösung zu geben: Julia müsse raus.

Lutz ist jemand, der sich gewiß nicht leichtfertig für einen Rausschmiß einsetzen würde. Andererseits lehnt er, so wie Hatto, harte Drogen ab. Er weiß, wovon er redet, kennt die Wirkung aus eigener Erfahrung, sowohl an sich wie an anderen. Er kann fraglos abschätzen, wer Chancen hat, davon loszukommen und wer nicht. Bei Julia sind jahrelange Bemühungen vergeblich gewesen, und sie ist heute ohne jeden Willen, aus der Misere herauszukommen. Lutz ist klar, daß sie keine

Chancen mehr hat, darüber hinaus gefährdet sie andere. Trotz aller Bedenken kann es unter diesen Umständen für ihn nur eine Entscheidung geben. Sie fällt ihm sichtlich schwer. Er ist ungewöhnlich blaß und kämpft mit den Sätzen.

Julia wehrt sich, schimpft, beklagt die Ungerechtigkeit, mit der man sie behandelt, und wieder pflichtet Joost ihr bei. Neues haben die beiden indes nicht vorzubringen. Die Gegenargumente haben sich auch erschöpft, die Diskussion bewegt sich im Kreis. Julia setzt sich wieder zu Joost, lehnt sich an ihn. Olaf kommt zurück, geht an seinen Platz. Und plötzlich ist es still. Nach all der Erregung ist die Spannung abgefallen. Die Stimmung scheint eindeutig, die Tendenz klar: Man will sich von Julia trennen. Es sieht aus, als blieben dafür nur noch die Modalitäten zu klären.

Es kommt wieder einmal anders.

Verena bricht das Schweigen. Sie lehnt im Türrahmen zur Küche und spricht mit der ihr eigenen leisen Stimme, die jedoch genau so weit trägt wie Hattos mächtiger Bariton. Im Gegensatz zu dem, was bisher hier abgelaufen ist, äußert Verena sich ohne sichtbare Emotionen. Nicht anders als Lutz vermeidet sie ebenfalls zunächst eine direkte Stellungnahme und bedient sich folglich auch des im Vagen verbleibenden Irgendwie. Irgendwie, findet sie, sei das hier für sie nicht der richtige Ansatz, und sie könne recht eigentlich mit dem, was hier vorgebracht worden sei, nichts anfangen. Das sei irgendwie nicht ihr Ding, und sie sei nicht glücklich, wie das hier gelaufen ist. Langsam konkreter werdend, findet sie, die Sache sei nicht in Ordnung, und legt dann in ähnlich gewundenen Wendungen wie Lutz dar, daß so mit Julia nicht umgegangen werden dürfe. Am Schluß kommt dann auch sie zu einem Ergebnis, allerdings einem anderen: Niemand dürfe abgeschoben werden, fordert sie, man müsse sich irgendwie was anderes einfallen lassen.

Verena ist eine Puristin, für die Achtung und Respekt vor dem Gegenüber eine Art Glaubensbekenntnis ist, an dem sie ohne Wenn und Aber festhält. Auf der anderen Seite haßt sie Konfrontationen, zumal aggressive, und äußert sich daher mit derartiger Vorsicht. Ihre Position ist radikal. Die Wenn-dann-

Kausalität, Julia müsse fort, weil sie kokainsüchtig sei, empfindet sie als Sozialdarwinismus. Gemäß ihrer Einstellung hätte die Forderung, Julia hinauszuwerfen, nie erhoben werden dürfen.

Das kann und das will sie so kraß natürlich nicht sagen. So gewunden sie sich auch ausgedrückt hat, ihre moralische Botschaft ist angekommen. Etliche stimmen ihr zu, äußern sich ähnlich, die meisten ebenfalls eher leise.

Es gibt nun zwei Gruppen: die Tauben und die Falken. Und die Form der Auseinandersetzung hat sich geändert: Auch die Gegenstimmen bleiben nun verhalten, man geht betont vorsichtig miteinander um, das Wort »irgendwie« dominiert jetzt die Diskussion. Die Emotionen bleiben jedoch spürbar. Etliche Sprecher lassen erkennen, daß sie ihre Erregung nur mühsam beherrschen. Sie wirken unter diesem Druck atemlos, reden stockend und stolpernd, einigen steht der Schweiß auf der Stirn.

Ganz gelassen hingegen äußert sich ein ehemaliger Konsument von Kokain. Damals, sagt er, habe man ihn hier rausgeschmissen wegen seiner Kokserei, und das sei auch ganz okay gewesen – wer kokst, müsse raus. Dabei sollte es auch bleiben. Er sei zurückgekommen, aber mit trockener Nase, und man habe ihn wieder aufgenommen. Und das wiederum sei auch in Ordnung gewesen.

Rüdiger sieht das anders. In seinem roten Drillich sitzt er auf einem Barhocker vor dem Tresen und überragt alle anderen. Er schiebt seine Mütze ein wenig weiter aus dem Gesicht und meint in seiner bezeichnend langsamen Redeweise: »Also, wenn ich so an damals denke, da bin ich ganz schön von der Rolle gewesen und manchmal ziemlich ausgerastet. Hier und da ist dabei auch mal was zu Bruch gegangen.« Er macht eine Pause und kratzt sich am Kopf. »Ist schon eine Weile her, aber damals habt ihr mich auch nicht rausgeschmissen. Bin heute ganz froh darüber, muß ich sagen. Tja, und nun kann ich irgendwie nicht sagen, hier muß jemand gehen, ehrlich, kann ich irgendwie nicht.«

Rüdiger bekommt Zustimmung, aber auch Widerspruch. Die Argumente gehen hin und her, Vorschläge werden gemacht, diskutiert und wieder verworfen; Lösungen zeichnen sich nicht ab. Äußerlich bleibt es friedlich, aber die latente Spannung wächst. Als Verena meint, irgendwie sei Julia mit ihrer Problematik recht eigentlich die Sache der Hundertsechzehner, die letztlich Mittel und Wege finden müßten, sie zu integrieren, platzt Olaf der Kragen.

Er habe das Gelaber langsam satt, und man möge bitte zur Kenntnis nehmen, daß die Situation unhaltbar geworden sei, und nicht allein wegen Julia. Mit ihr kämen sie vielleicht noch irgendwie klar. Es gehe um die Leute, die sie ihre Freunde nennt. Er habe keinen Bock, in seinem Haus im Treppenhaus einem irren Typ mit Messer zu begegnen. Das bringe ihn auf, mache ihn wütend, und dann sehe er rot. In dem Zustand werde er gewalttätig, und das wolle er nicht, er hasse Gewalt.

Bisher hat er sich mühsam beherrscht, aber nun schreit er los: »Ich will nicht, daß ich jemand an die Gurgel gehe oder ihn die Treppe runterwerfe. Ist das klar?« Diese Wahnsinnstypen müßten aus dem Haus verschwinden und darum müsse Julia weg.

Es geht hier um Mohammed. Der pflegte in der Tat mit einem Messer herumzulaufen, hat in 116 immer wieder randaliert, zuletzt ein Fenster zerschlagen. Seitdem hat er Hausverbot.

Julia fährt aus ihrer Lethargie hoch. »Mohammed ist mein Freund, verdammt noch mal! Wenn er da war, brauchte ich kein Koks. Oder nur ganz wenig«, fügt sie leise hinzu. »Aber ihr schmeißt ihn raus, nehmt ihn mir weg. Immer nehmt ihr mir alles weg! Wißt ihr, was das ist? Unmenschlich ist das! Unmenschlich!« schreit sie noch einmal.

Sie findet keine Resonanz. »Hör doch auf...«, »Immer dieselbe Leier... « bekommt sie zu hören.

Sie habe leider die falschen Freunde, hält ihr Biggi entgegen, und die kämen nicht nur zu ihr, sondern strichen dauernd durchs Haus, vorwiegend nachts. Ob sie nicht begreifen könne, daß man keinen Bock darauf habe?

»Ich gehe nachts zur Toilette, und was passiert?« fragt eine Frau. »Ich stoße mit einem riesigen schwarzen Kerl zusammen.« Sie wolle das nicht, damit müsse Schluß sein.

»Ihr könnt sie nur nicht leiden, weil es Schwarze sind, ihr Rassisten!« giftet Julia.

Es ist wahrhaftig absurd, den Leuten hier vorzuwerfen, sie seien Rassisten. Die Reaktion ist entsprechend: Ihr antwortet ein allgemeines Stöhnen.

Die meisten dieser Schwarzen sind Drogenhändler, und zwar nicht Dealer von der Sorte der afrikanischen Boys, die hier um die Häuser herumstreifen und ihr Marihuana vermarkten. Sie sind Drogenhändler mit Handys und abgefeimten Verkaufsmethoden. In manchen Nächten ist das Haus 116 ihre Zentrale. Kunden kommen, um sich mit harten Drogen einzudecken. Hier ist es relativ sicher, denn die Polizei läßt sich in der Hafenstraße kaum noch sehen. Und es gibt ein Gerücht, demzufolge nicht nur Joost angefangen habe zu koksen. Es bestände dann nicht nur die Gefahr, die der Konsum der Droge mit sich bringt. Wer von Kokain abhängig wird, ist in der Regel gezwungen zu dealen. Das Zeug kostet immerhin um die 150 Mark das Gramm.

»Es ist wahr«, murmelt Sigi neben mir, »wir haben hier echt eine harte Drogenszene.«

Das kommt nicht zur Sprache. An diesem Punkt ist offenbar die Grenze dessen erreicht, worüber man im Plenum zu diskutieren bereit ist.

Es beschweren sich weitere Hundertsechzehner über die Fremden, die sich ungeniert im Haus bewegen. Einer meint: »Sollen wir vielleicht anfangen, uns Schlösser in unsere Türen zu setzen?« Dann könne er ja gleich in den sozialen Wohnungsbau ziehen.

Josef sagt mit seiner leisen Stimme, er habe schon ein Schloß an seiner Tür.

Julia ist nicht beeindruckt. »Macht euch doch bloß nicht ins Hemd, ihr tut ja gerade so, als seien meine Freunde Massenmörder«, läßt sie sich vernehmen.

»Was sind sie denn anderes?« sagt jemand, aber nur so laut, daß es gerade die Umsitzenden hören.

Verena ist ebenfalls nicht beeindruckt: Das Leben bringe nun einmal Mißhelligkeiten mit sich, die müsse man eben hinnehmen. Ihre Menschenfreundlichkeit ist ebenso unerschütterlich wie unerbittlich.

Andere sind nicht bereit hinzunehmen, was Verena Mißhelligkeiten nennt. Es werden zwei konkrete Vorschläge gemacht: Umsiedlung der beiden in ein anderes Haus, Einrichtung einer abgeschlossenen Wohnung für sie in 116. Es wird dafür und dagegen gesprochen, aber es bleibt beim Reden.

Julia ist neben Joost mehr und mehr in sich zusammengesunken. Die Wirkung der Droge hat nachgelassen. Jetzt richtet sie sich mühsam auf, rutscht vom Tisch und strebt mit hängenden Schultern und gesenktem Kopf der Tür zu, die ins Treppenhaus führt. Nur mit Mühe vermag sie sie zu öffnen. Ihr Abgang hinterläßt Schweigen.

Nach einer Weile der Stille wird begonnen, über das eigentliche Thema zu sprechen, über die ausstehenden Mieten. Gernot kommt gleich zur Sache und bezieht sich dabei auf seinen Brief:
Hochinteressant sei das Thema, weil von 42 der derzeit 84 erwachsenen Bewohner keine Miete beim Verein eingegangen ist. Es bestehe ein Fehlbetrag von 15.600,52 Mark, und alle Reserven seien aufgebraucht. Werde der Verein zahlungsunfähig, müsse er aufgelöst werden.

Nervenzerrüttend sei es, weil über Geld geredet werden muß, was, wie er wisse, für viele eine Zumutung sei. Ferner über Verwaltungsprobleme, die auf offenkundiges Desinteresse oder Ablehnung stießen. Außerdem über die Selbstverwaltung, die nicht funktioniere und über das Gemauschel bei der Wohnungsbelegung. Desweiteren über die zunehmenden Rückzüge ins Private, und nicht zuletzt über die gewohnte Trägheit. Spannend sei die Sache, weil die Folgen tiefgreifend seien. Sein Fazit: Um diese Folgen abzuwenden, gelte es zu akzeptieren, daß Miete zu zahlen eine Verpflichtung ist. »Mit dem Jawort zum Vertrag haben wir uns dazu bekannt. Und diese Zahlungen garantieren den Vertrag.«

»Unser Jawort hattet ihr nicht«, murrt ein Hundertsechzehner.

Gernot überhört den Einwand und fährt fort: »Wer nicht

zahlen will, ist also gefragt, was sie/er will und ob sie/er noch am richtigen Platz ist«, und er schließt mit den Worten: »Noch haben wir die Möglichkeit, unser Leben im Hafen zu einem gut Teil selbst zu gestalten«, das aber gelte nur, solange die anstehenden Probleme gemeinsam gelöst werden. Gelinge das nicht, werden die sogenannten Sachzwänge dies für sie besorgen und ihre eigene autoritäre Dynamik entfalten.

Horst präzisiert diese Sachzwänge. Die Lage sei schlechthin so: Erfüllten sie die Verpflichtungen nicht, trete der Vertrag außer Kraft, und sie verlören alle damit verbundenen Rechte – nicht aber die Verpflichtungen. Vermutlich werden dann Banken die Häuser übernehmen, und dann sei das Projekt Hafenstraße gestorben. Es gehe also konkret um die Frage, für welche Zukunft hier jeder die Verantwortung übernehmen wolle.

Der Vertrag, um den es hier geht, ist als »Kapitulation der Stadt vor der Hafenstraße« oder als »Wunder Hafenstraße« in die Geschichte der Stadt eingegangen, weil er de facto die Besetzer der Häuser zu deren Besitzern gemacht hat. Dementsprechend sollte man erwarten, es werde hier nun alles getan, sich dieses Wunder zu erhalten.

Was aber geschieht? Es wird erst einmal darüber diskutiert, ob die Liste der säumigen Zahler überhaupt vorgelesen werden dürfe. Ferner gibt jemand zu bedenken, daß es schließlich triftige Gründe geben könnte, wenn jemand nicht zahle: Verlust der Arbeitsstelle, ein Unfall, persönliche Probleme.

Das sei überhaupt keine Schwierigkeit, beruhigt Gernot. »Grundsätzlich können wir immer Leute durchziehen, und zwar locker – aber die anderen müssen eben zahlen.« Das aber geschehe nicht, und es handle sich nicht etwa um drei, vier oder fünf Leute oder um die Hundertsechzehner, die im übrigen seit Dezember zahlten. Nicht wenige zahlten seit einem Jahr oder noch länger kaum oder gar keine Miete. Und viele zahlen nicht, wenn sie in Urlaub fahren. Kommen sie zurück, haben sie meist auch kein Geld.

Er höre immer nur Geld, begehrt einer auf, und stundenlang werde hier über Mieten diskutiert, als ob es nichts Wichtigeres gäbe.

Ein anderer kann das »irgendwie« verstehen.

Hinter mir höre ich jemanden sagen: »Wird langsam Zeit, daß diese Leute mal umschalten da oben«, er tippt sich an die Stirn, »und sich etwas bewegt in deren Köpfen. Die fühlen sich immer noch hoffnungslos als Besetzer.«

»Okay«, sagt Gernot, »viele haben Probleme mit dem Vertrag, aber die sollten nun mal mit der Sprache herausrücken und sagen, wie sie sich die Sache vorstellen und wie es ihrer Meinung nach weitergehen soll.«

Das geschieht nicht, vielmehr wird gefragt, ob sich nicht auf andere Weise das notwendige Geld beschaffen ließe.

»Wir haben doch gar kein Problem«, läßt Joost sich mit schwerer Zunge vernehmen, »überhaupt kein Problem«, wiederholt er. Im *Onkel Otto* könne genug verdient werden. Man verkaufe eben wieder, was rundherum die Schwarzen lukrativ an den Mann bringen. Habe schließlich schon einmal ganz gut funktioniert.

»Hör' mit dem Scheiß auf, Joost!« ruft Lutz.

»Bloß nicht damit wieder anfangen«, unterstützt ihn eine Frau.

Joost bleibt unbeeindruckt. »Warum machen nicht wir das Geschäft, die Bimbos lachen uns doch aus!«

Lutz fährt hoch, er solle damit, verdammt noch mal, aufhören, er wolle diesen Mist nicht noch einmal hören.

Irgendwie, meint Verena, sei das wohl wirklich keine Lösung, aber losgehen und die Miete eintreiben, dazu könne sie sich ebenfalls nicht verstehen.

Martin, ein weiteres Vorstandsmitglied, verliest nun, ohne weiter zu fragen, die Liste der säumigen Zahler.

Einer von ihnen ist anwesend – Hatto. Stimmt, sagt er, er zahle nicht.

Ob er kein Geld habe?

Nein, habe er nicht.

Das könne ja wohl nicht angehen, so wie er lebe. Und er ginge schließlich arbeiten.

Hatto fragt, woher man das denn wissen wolle? Und dann

meint er, statt an einzelnen herumzumäkeln, solle man lieber das Grundsätzliche sehen, die Gemeinschaft, die müsse funktionieren, das sei das Thema, darüber müsse man reden.

Solch eine Argumentation habe ich von ihm nicht erwartet.

Er kommt damit auch nicht durch. Gleich zwei Frauen erklären ihm geradeheraus, daß dies doch wohl verdammte Heuchelei sei.

Für die Gemeinschaft habe er sich auch nicht gerade krumm gelegt, wirft ihm eine weitere Frau vor.

Hatto zuckt die Schultern.

Ob er denn nun darauf beharre, keine Miete zu zahlen? will Gernot wissen.

»So sieht es wohl aus.«

Hatto bleibt dabei ganz locker auf seinem Hocker sitzen, es scheint ihm nichts auszumachen, sich gegen die gesamte Gruppe zu stellen.

Immerhin habe er den Mut gehabt, heute hier zu erscheinen – als einziger der Mieteverweigerer, billigt ihm Horst zu.

Wieder steht die Frage im Raum, was tun mit diesen Leuten?

Wer absolut nicht zahlen wolle, solle sich dann wenigstens an der Sanierung beteiligen, wird vorgeschlagen.

Wie man sich das denn vorstelle? so eine Art Dienstverpflichtung, oder was? wird sofort entgegengehalten.

»Zwangsarbeit«, sagt jemand.

Zu ihm käme so einer nicht, konstatiert Rüdiger. Hier werde freiwillig gearbeitet und sogar mit Spaß. Dabei solle es bleiben. »Arbeit als Strafe? Nee, Leute, mit mir nicht.«

Aber geschehen müsse schließlich etwas, meint Martin, reden könne man doch jedenfalls mal mit den Leuten, die nicht zahlen.

Daraufhin wird des langen und breiten darüber debattiert, in welcher Form das geschehen soll, wer es jeweils tun sollte und wie sichergestellt werden könne, daß kein unzulässiger Druck ausgeübt wird.

Es regt sich jedoch Widerstand gegen allzu viel Verständnis.

»Wer erst einmal alle seine persönlichen Bedürfnisse befriedigt, und wenn er dann Knete übrig hat, vielleicht auch mal Miete bezahlt, nein, liebe Leute, da hört meine Duldsamkeit auf«, äußert eine Frau.

»Fährt ein Auto und zahlt keine Miete, also ehrlich, so einer stinkt mir«, erklärt ein Mann.

Da komme Haß bei ihm auf, ergänzt ein anderer.

Das Thema wird indes nicht vertieft, es scheint, als weiche man klaren Konsequenzen aus – ähnlich wie bei Julia.

Joost bringt abermals seine Lösung ins Spiel, woraufhin Lutz ähnlich explodiert wie vorher Olaf. Mit hochrotem Kopf setzt er sich nach diesem Ausbruch hin, steht aber gleich wieder auf und entschuldigt sich bei Joost. Es täte ihm leid, daß er ihn immer wieder anschreien müsse, und als Joost bei ihm vorbeikommt, klopft er ihm auf die Schulter.

Die Diskussion hat nichts erbracht, aber einigen scheint zu dämmern, was auf sie zukommt, wenn der Vertrag platzt.

Was machen wir dann? wird gefragt. Werden wir wieder Besetzer? Alles noch einmal von vorn? Noch einmal Kampf, Barrikaden? Noch einmal die Bullen?

»Alles, nur das nicht«, sagt eine Frau und erhält Zustimmung.

Er sei langsam zu alt zum Steine werfen, bemerkt Ronnie.

Einhelliges Fazit: Es müsse wohl etwas unternommen werden. Dafür ist jedoch nicht zuletzt ein arbeitsfähiger Vorstand nötig, den aber gibt es nicht, denn drei Mitglieder sind ausgeschieden. Sie mögen nicht mehr, sind es leid, dauernd gegen das Unverständnis einiger Bewohner ankämpfen zu müssen. Und sie wollen nicht persönlich haften, wenn der Laden zusammenbricht, nicht für die Uneinsichtigkeit der anderen auch noch bestraft werden.

Das Risiko sei gering, erklärt Horst, aber es besteht eben.

Es werden also drei neue Vorstandsmitglieder benötigt, aber niemand meldet sich. Zur Mitarbeit sind einige bereit, aber offiziell, als Vorstand, das wollen sie nicht. Nicht primär des Risikos wegen, sondern weil sie nicht zuletzt hier leben, um frei von Bindungen und Verpflichtungen zu sein. Nach etlichem Hin und Her wollen es sich zwei überlegen.

Niemand meldet sich mehr zu Wort, es ist ja auch alles gesagt. In vierzehn Tagen will man wieder zusammenkommen, um den Vorstand zu wählen.

Ziemlich still verlassen die Leute die VoKü. Es ist 23 Uhr.

»Kommst du noch mit hoch?« fragt Sigi.

POST PLENUM

Hanno schließt sich uns an, und wir steigen die abenteuerliche Treppe im Haus 116 hoch bis fast ganz nach oben. Hier hat Sigi seine Behausung. Wir teilen uns seine Liegestatt, die Matratze auf dem Fußboden. Der einzige Stuhl ist mit einem Haufen Schallplatten belegt. Sigi hockt sich im Schneidersitz ans Kopfende, uns gibt er Kissen, damit wir uns an der Wand anlehnen können. Er legt eine Platte auf, zündet eine Kerze an und holt dann sein bestes Haschisch hervor. Wir lassen den Joint kreisen und sagen erst einmal nichts.

An meinem inneren Auge ziehen einige Szenen des Abends vorbei, und vielleicht geht es den beiden anderen ähnlich. Wir stehen jedenfalls alle drei unter der Wirkung der jüngsten Eindrücke. Das verbindet und schafft eine Atmosphäre von Vertrautheit und Offenheit. So kommt es, daß ich nun etliches von dem erfahre, was im Plenum nicht zur Sprache gekommen ist.

Einmal ist es zu einer tätlichen Auseinandersetzung zwischen den Dealern und den Bewohnern gekommen. Die hatten die ewigen nächtlichen Störungen satt und haben die Eindringlinge kurzerhand hinausgeworfen. Das ging nicht ohne Gewalt, und vor dem Haus setzte sich der Kampf fort. Dabei ging einer der Männer mit einer Flasche auf Ronnie los, woraufhin ihn Blümchen ins Bein biß. Danach war einige Tage Ruhe, aber dann kamen sie wieder und riefen so lange nach Julia, bis sie aufwachte, herunterkam und ihnen aufmachte.

»Sie stand auf deren Seite, und uns hat sie tagelang beschimpft, weil wir ihre ›Freunde‹ angegriffen haben«, sagt Hanno.

»Hat sie sich vielleicht von euch allein gelassen gefühlt?«
frage ich.

»Das hat sie heute Abend behauptet, aber das ist gelogen«,
erwidert Hanno aufgebracht. Nach einer Weile fährt er gelassener fort: »Sie hat sich mehr und mehr verändert, besonders
nach ihrem letzten Aufenthalt in den Staaten bei ihren Eltern.«

Davon wußte ich, aber nichts über den wirklichen Grund
dieser Reise. Sie sollte drüben in einer Fachklinik einen Entzug machen. Das wollte sie auch, flog dann aber doch nicht.
Ihr Vater kam, sie zu holen.

Zusammen mit seiner Tochter betrat er das Haus 116. Er
zeigte sich entsetzt über das Interieur und ließ sich deutlich
über seinen Eindruck aus, »im übelsten Offiziersjargon«,
meint Hanno, der dabei gewesen war. Julia steckte voll von
Kokain, sie hatte sich noch einmal ordentlich bedient. Im
Treppenhaus trafen sie auf Olaf, und sie überschüttete ihn mit
einem Schwall unflätiger Beschimpfungen. Olaf reagierte
darauf nicht, wohl aber Julias Vater, einst Oberst in der jugoslawischen Armee. Was immer ihn in diesem Augenblick bewegt haben mag, er stürzte sich auf Olaf und schlug mit den
Fäusten auf ihn ein. Olaf, der dem Fünfzigjährigen mühelos
gewachsen wäre, floh, lief die Treppe hoch, verschwand in
seinem Zimmer und schloß die Tür. Er wollte keine Prügelei
mit Julias Vater. Derweil tobte Julia durchs Haus, schrie, warf
hinunter, was ihr in die Hände kam und war kaum zu bändigen. Nur mit Mühe konnte ihr Vater sie schließlich überwältigen und aus dem Haus schaffen.

Drei Monate später war sie zurück. Der Entzug hatte nichts
gebracht.

Julia ist der eine Grund für Hannos Auszug, Olaf ist der
andere. Er sei auf irgendwie unangenehme Art bestimmend,
meint Hanno, und ich erinnere mich an einen dafür bezeichnenden Zwischenfall.

Es war Donnerstag, Hannos Kochtag, und da erklärte ihm
Olaf, heute würden Ronnie und er kochen. Hanno war verärgert und gekränkt. Lustlos stocherte er im Essen, das die
beiden zubereitet hatten. Den Salat könne man überhaupt
nicht essen, an der Soße sei viel zu viel Knoblauch, der Reis

sei pappig, und er schob den Teller angewidert fort. »Ja, ja«, sagte er, »ich bin sauer.« Er sei wahrhaftig nicht kleinlich, aber das gehe ihm zu weit. Er werde nun überhaupt nicht mehr kochen, und das war nicht dahergesagt, er tat es nicht mehr.

Auch Sigi hat Probleme mit Olaf, nimmt aber die Sache eher auf die leichte Schulter. Man müsse ihn halt nehmen, wie er ist, meint er. Hanno tut das nicht, er zieht aus. Dieser Entschluß ist ihm nicht leichtgefallen, denn der Hafen war bisher seine Heimat. Für Sigi ist das anders; für ihn ist die Hafenstraße eine Durchgangsstation. Er leistet auf St. Pauli seinen Wehrersatzdienst, betreut Jugendliche und alte Menschen. Damit ist er in sechs Monaten durch, dann will er studieren, und zwar nicht Hunderte von Kilometern von seiner Freundin entfernt. Wann immer er das Geld hat, fährt er übers Wochenende zu Nicole nach Süddeutschland. Sie ist die Tochter eines Unternehmers. Er lebe in zwei Welten, sagt er, pendele zwischen der Villa im Süden und dem Hafen und habe keine Probleme damit. Außerdem könne er sich zwischendurch von dem derzeitigen Streß in 116 erholen.

Hanno strebt kein bürgerliches Leben an, sieht auch nicht bürgerlich aus. Hat man sich an den Anblick seiner hoch aufgetürmten Haarpracht gewöhnt, stellt man fest, daß er ein gutaussehender junger Mann ist. Außerdem ist er ein freundlicher Mensch, dabei aber verletzlich. Und nachtragend, wenn ihm jemand einen Tort angetan hat.

In vierzehn Tagen wird er in eine kleine Wohngemeinschaft ziehen. Die Leute kennt er gut, problematisch ist der Hund. Der pflegt nach Tisch die Teller abzulecken, so quasi als Vorwäsche, sagt Hanno, und das gefällt ihm nicht. Er zieht dennoch dorthin, wählt das für ihn kleinere Übel.

Inzwischen ist es zwei Uhr geworden, Sigi legt eine neue Platte auf, wir nicken im Takt der Musik, sagen nichts mehr.

Hanno steht auf und geht hinaus. Ich denke, er kommt wieder, tut er aber nicht; er ist endgültig gegangen. Ich verabschiede mich von Sigi, danke ihm für den Abend. Er lädt mich zu seinem Geburtstag ein, nächste Woche in der Küche von 116.

Dieses Mal funktioniert das Dreiminutenlicht nicht, mühsam taste ich mich nach unten und bin froh, als ich endlich draußen bin.

Die sonst so lebendige Gegend ist in dieser Sonntagnacht still und wie ausgestorben. Der einzige Mensch, dem ich begegne, ist ein alter Mann. Er steht an den Landungsbrücken an einen Pfeiler gelehnt und starrt aufs Wasser, in dem sich der Mond spiegelt.

Ich frage mich, wie es mir je gelingen soll, in Worte zu fassen, was ich heute Abend gehört und gesehen habe. In diesem Augenblick teile ich Hannos Meinung, daß man etwas derartiges nur erleben, nicht aber beschreiben kann, mehr noch: Ich zweifele daran, überhaupt ein Buch über die Hafenstraße schreiben zu können.

Nicht nur ich hatte Probleme nach diesem Plenum. Josef wurde es in der Nacht schlecht. Lutz war derart fertig, daß er am Montag gar nicht erst aufgestanden ist. Rüdiger hat ohne Schutzbrille mit der Flex gearbeitet, was ihm noch niemals passiert ist. Sie saß ihm auf der Stirn, er hat sie nur nicht herunter gezogen und prompt einen Splitter ins Auge bekommen. Er mußte ins Krankenhaus, man hat den Splitter entfernt. Er hat Glück gehabt und kann schon wieder gucken. Björn hat sich einen Balken auf den Arm fallen lassen.

Das hat Lutz mir erzählt, von sich aus, und auch Olaf hat mich auf den Abend angesprochen, was noch niemals vorgekommen ist. Und, als hätten sie sich verabredet, wollten beide von mir wissen, ob das Plenum mich erschreckt habe. Nein, nicht erschreckt, aber mitgenommen hätte mich der Abend schon, sagte ich, und es habe ein paar Tage gebraucht, mit den Eindrücken fertig zu werden. Ich sei aber recht dankbar gewesen, daß ich dabei sein konnte. Dazu meinte Lutz, das sei in Ordnung, sie wüßten ja, daß es mir ums Menschliche gehe. In der Tat, aber gesagt hatte ich dergleichen nie.

Zwei Wochen später treffe ich Lukas, der zu Besuch hier ist. Auf meine Frage, wie es denn gehe in 116, zuckt er die Schultern und meint, ich könne mich selbst ja einmal umhören. Es geht schlecht, nichts hat sich geändert. Ronnie verdreht die Augen und sagt nur ein Wort: »Streß!« Josef beklagt die Belastung durch Joost und Julia, die neben ihm wohnen und bei denen dauernd Krach ist. Er wollte längst in den ersten Stock gezogen sein, um Abstand zu gewinnen, schafft es aber unter diesen Umständen nicht, denn nach der Arbeit braucht er seine Musik und das Malen, sonst würde er es nicht mehr aushalten, sagt er. Nicht nur er hat jetzt ein Schloß an der Tür. Biggi schimpft über die Dealer, die immer dreister würden. Mieten sind auch keine eingegangen.

Die stundenlangen Debatten im Plenum haben also nicht das geringste bewirkt. Genauso war es damals beim Plenum um die Besetzung des Hafenkrankenhauses: langes Gerede und keinerlei Ergebnis. Dort aber geschah am Ende doch etwas. Ich frage mich, ob es hier möglicherweise zu einer ähnlichen Entwicklung kommt. Es sieht nicht danach aus, doch da täusche ich mich. Vier Wochen später hat sich das Blatt gewendet: Julia ist ausgezogen, und mit ihr sind ihre sogenannten Freunde verschwunden. Die Mieten sind weitgehend bezahlt, als erstes von Hatto. Darüber hinaus sind etliche zurückliegende Mietschulden beglichen worden. Der Vorstand ist ebenfalls komplett.

»Es fühlt sich wieder richtig gut an im Haus«, meint Hanno bei einem Besuch. Leon stellt fest, endlich sei Ruhe im Karton. Josef findet es wunderbar, wieder ungestört schlafen zu können.

Ich staune, Holger tut das nicht. »Ach, weißt du«, meint er, »bei Plenen kommt selten etwas Konkretes heraus. Aber sie bringen etwas in Gang, lösen gewissermaßen einen Prozeß aus, besonders, wenn die Gefühle einmal wirklich auf den Tisch gekommen sind. Und dann regelt sich alles irgendwie von selbst.«

Ähnliches hatte Sanja damals gesagt.

»Und Verena?« frage ich Holger, die sei doch absolut gegen Julias Auszug gewesen.

Man habe eben mit ihr geredet, mal der eine, mal der andere, und am Ende hat sie die Situation in 116 begriffen und eingesehen, daß es keinen anderen Weg gibt. Sie hat schließlich sogar selbst mit Julia gesprochen, hat ihr gesagt, daß es so wirklich nicht weitergehen könne. Ähnlich sei es mit den säumigen Mietern gewesen. Mit Hatto habe übrigens niemand reden müssen, der habe von sich aus gezahlt.

Ich frage nach Julia. »Was ist aus ihr geworden?«

Holger zuckt mit den Schultern. »Sie wohne noch in der Gegend, heißt es, irgendwo auf der anderen Seite der Reeperbahn.«

Genaueres weiß Sigi. Den sprach im Dunkeln eine Frau an und wollte ihm Koks verkaufen: Julia. Als sie Sigi erkannte, verschwand sie wortlos.

GAST BEI SIGIS GEBURTSTAG

So ordentlich und sauber wie heute habe ich die hundertsechzehner Küche noch nie gesehen. Sigi und seine Freundin Nicole haben zusammen saubergemacht und aufgeräumt. Sie ist über das Wochenende hergekommen. Die beiden sitzen eng nebeneinander, und dabei bleibt es den Abend über. Leon hat einen Nudelsalat gemacht, der lecker schmeckt wie fast alles, was er zubereitet. Sigi verantwortet den Nachtisch: Quarkspeise mit Früchten. Ich habe selten eine bessere gegessen. Der Kühlschrank ist voller Flaschen, vornehmlich Bier und Säfte; man kann sich bedienen.

Hinter einer professionellen Anlage steht Ronnie im schikken Partyhemd und zur Feier des Tages mit Gel-gestyltem Haar. Er macht den Diskjockey, legt auf heute abend. Wenn man so will, sein Geburtstagsgeschenk für Sigi. Über ihm hängt der Kronleuchter aus den fünfziger Jahren – nach wie vor schief. Das Puppenbein ist verschwunden, dafür hockt auf einem seiner Leuchterarme ein kleiner, abgewetzter grüner Teddybär, an einen anderen hat jemand eine silberne Christbaumkugel gehängt.

Ich setze mich neben Hanno, der nickt mir kurz zu, öffnet eine Bierflasche mit dem Feuerzeug, und wir schweigen erst einmal eine Weile. Dann sagt er, es bleibe dabei, er ziehe aus.

Am Küchentresen redet man über Fußball, andere kommentieren die Musikstücke, die Ronnie präsentiert; einige begnügen sich damit, den Takt zu schlagen. Sigi und Nicole tauschen Zärtlichkeiten aus. Tommy krault Blümchen. Sie hat ihren dicken Bullterrierkopf auf sein Bein gelegt und ihre runden Glubschaugen zufrieden halb geschlossen. »Am Hals«, sagt er, »da hat sie's am liebsten.«

Olaf kommt herein, lehnt sich an den Türrahmen und bleibt dort die nächste halbe Stunde stehen. Man begrüßt einander kaum und gratuliert auch Sigi nicht. Als höchstes der Gefühle hat Ronnie ihm auf die Schulter geklopft und »na denn, mein Alter« zu ihm gesagt.

Auch Bastian ist gekommen. Er bietet Gummibären an. Ronnie dankt und erklärt, er nehme keine Drogen.

Nachdem die meisten gegessen haben, holt Sigi sein Kanonenrohr von Wasserpfeife unter der Sitzbank hervor und beginnt mit dem Zeremoniell, die richtige Mischung zuzubereiten, mit der er dann den kleinen Pfeifenkopf füllt. Schließlich tut er den ersten Zug, läßt genießerisch den Rauch entweichen, und reicht dann Nicole die Pfeife. Die aber schüttelt den Kopf und gibt sie an Tommy weiter. Der steckt wieder in seinem schwarzen Lederdress, voll bestückt mit Metallbeschlägen. Sein Partner ist ähnlich gekleidet, trägt dazu aber noch eine Irokesenfrisur mit besonders hohem Kamm, und der ist hennarot gefärbt. Ihm fehlen zwei Vorderzähne. Er kniet gerade vor dem Kühlschrank und räumt die Flaschen wieder ein, die herausgefallen waren.

Am Fenster sitzt Jochen im sommerlichen Sakko. Er ist stets gut gekleidet, und sein Haarschnitt so gepflegt wie seine Sprache. Er studiert an der Fachhochschule, will Toningenieur werden. Jochen trinkt nur Mineralwasser. Morgen hat er einen Test am Steuergerät.

Leon besitzt auch ein paar schicke Sachen, heute hat er ein altes T-Shirt an. Er trägt eine neue Frisur: alles kahl, nur oben auf dem Kopf hat er, wie eine Insel, einen runden Haarschopf stehenlassen, und der ist grün gefärbt. Er geht gleich wieder, denn er malt gerade an einem Bild. Dann kommt er aber doch noch einmal zurück, in der Hand den Ausstellungskatalog, den er mir seit langem versprochen hat – mit Widmung neben der Abbildung seines Kleiderentwurfs. Und quer über die erste Seite hat er mit schwarzem Filzstift geschrieben, was er einst aus Liebeskummer an die Wand seines Zimmers gemalt hatte: »Liebe ist kälter als der Tod«. Hier bekommt der Satz jedoch eine tiefere Bedeutung: Leon verlor zwei seiner Freunde durch Aids.

Auf dem Podest hockt Josef mit wirren, schwarzen Haaren, unrasiert, mit schmutzigen Fingernägeln und Schuhen. Er wirkt erschöpft, hat den ganzen Tag Schutt geschaufelt.

Bleibe noch ich, 72, Ex-Schulleiter.

Eine wahrlich gemischte Gesellschaft, die Unterschiede könnten kaum größer sein. Davon spürt man jedoch nichts, die Verschiedenartigkeit spielt ganz einfach keine Rolle. Nicole lächelt Josef genauso herzlich an wie Jochen. Auch der Hund macht keine Unterschiede: Er versucht, jeden dazu zu bringen, ein Stöckchen zu werfen. Einmal verheddert er sich beim Hinterherjagen mit den Strippen der Anlage, woraufhin Ronnie ihm sehr ernsthaft klar macht, daß er ein solches Verhalten ganz und gar nicht schätze.

Die Stimmung ist freundlich, man fühlt sich offensichtlich wohl miteinander. Auch ich fühle mich wohl, obwohl eine solche Gesellschaft fürwahr nicht zu meinem gewohnten Umgang gehört und ein Ambiente wie dieses hier nicht gerade meiner Vorstellung von einem gemütlichen Zuhause entspricht.

Nach zwei Jahren Hafenstraße ist mir langsam klargeworden, was dieses Wohlbefinden auslöst: Ich kann reden oder den Mund halten, vor mich hin träumen, mich selbstvergessen der Musik hingeben oder aus dem Fenster gucken. Ich kann die Beine ausstrecken, so weit ich mag, kann sitzen, stehen, mich auf dem Podest neben Josef rekeln oder dort ein kleines Schläfchen machen, wie das Olaf einmal getan hat. Ich kann gekleidet sein, wie ich mag, einen Vollbart tragen oder einen rasierten Kopf haben. Und ich kann jederzeit gehen, ohne irgendwelche Kommentare abgeben zu müssen. Nicht einmal auf Wiedersehen muß ich sagen; und keiner wird wissen wollen, warum ich denn jetzt schon fortwolle. Was auch immer ich tue oder lasse, niemand wird auch nur aufschauen. Wo in aller Welt kann man sich derart zwanglos geben und verhalten?

Vielleicht bei den Jüngeren, die doch weit informeller sind als unsereins? Wie aber stände man da, käme man zu einer Geburtstagsparty so ungewaschen wie Josef, so martialisch wie Tommy, mit ausgeblichenen Shorts, die zudem noch halb heruntergerutscht sind wie bei Olaf? Dazu würde man weder dem Geburtstagskind gratulieren noch ihm ein Geschenk mitbringen. Und dann vielleicht nach einer halben Stunde schon wieder gehen, überdies, ohne sich zu verabschieden. Ich wette, das wäre die letzte Einladung, die man bekommen hätte.

AUSKLANG

Für einen Besucher wie mich ist die Hafenstraße reichlich unwirtlich geworden: Das Café eine Trümmerstätte, einige Scheiben kaputt, die Decke offen, die Wände zum Teil heraus oder nur noch nackter Stein. Alle Bewohner des Hauses fort, umgesetzt, bis die Sanierung abgeschlossen ist. Haus 116 droht ein ähnliches Schicksal, und das heißt, keine VoKü mehr. Das *Ahoi* ist bereits seit längerem Baustelle.

Die nunmehr voll angelaufene Sanierung wirkt sich aus. Wer hat noch Zeit für einen gemütlichen Plausch am Tresen? Die Leute arbeiten, und zwar für einen Einheitslohn von fünfzehn Mark die Stunde. »Nie hätte ich gedacht, daß ich mal so malochen würde«, sagt Joost. Holger stellt fest, er sei zum Hilfsarbeiter avanciert. Was ihn nicht störe, denn für die Hafenstraße, sagt er, würde er jede Arbeit machen. Im Augenblick klopft er im *Ahoi* den Putz von den Wänden.

Wohin man hört, Thema eins ist die Sanierung. Die Rede ist von Trägern, Rohren, Leitungen und vom Schwamm. Bei Sielarbeiten ist man unter einem Haus auf Katakomben gestoßen. Die waren seit Jahrzehnten verschlossen und voller Schwamm, Schimmel und stinkigem, verfaulten Holz. Das hat Otto in seiner Badewanne verbrannt. Er sieht erschöpft aus, die anderen nicht minder, besonders Leon, der inzwischen auch seine Pinsel mit der Spitzhacke vertauscht hat, und so schwere Arbeit gewiß nicht gewohnt ist. Dazu ist es ein heißer Tag. Aber niemand murrt oder stöhnt.

Ob es nicht Probleme gebe bei der Sanierung, frage ich Holger, beispielsweise die übliche Kalamität unreglementierter Gruppen: Einige arbeiten und legen sich ins Zeug, andere auf die faule Haut?

Das regele sich ziemlich reibungslos, meint er, denn im allgemeinen finde jeder seinen Platz entsprechend dem, was er kann und was ihm liegt. Natürlich könne nicht jeder das gleiche leisten. So falle Josef ab und an aus, weil er einfach nicht mehr kann, oder Joost, weil er seinen Sauftag hat, und Leon erscheine manchmal erst am Mittag. Damit könnten sie leben, das gebe keinen Streß.

Außerdem bauten sie gemeinsam auf, was sie bisher gemeinsam verteidigt hätten. Das gebe ein gutes Gefühl. Zudem renovierten sie nicht irgendwelche Häuser, sondern solche mit einer langen Geschichte. Generationen von Menschen haben darin gelebt, das präge und gebe den Häusern ihre ganz eigene Atmosphäre. Und nicht zuletzt hätten sie in den vergangenen sechzehn Jahren den Häusern einen Stempel aufgedrückt.

Am Abend geht es an einem Tisch des *Onkel Otto* um die Gestaltung des Cafés. Es müsse zu einem Kommunikationszentrum werden, in dem die unterschiedlichsten Leute zusammenkommen können – nicht nur an drei Tagen in der Woche, meint Holger. Lutz breitet die Entwürfe für den Innenausbau aus. »Zu kärglich«, findet man, malt daran herum, radiert, malt neu. Schließlich gibt es ein allgemeines zustimmendes Kopfnicken. »Nicht schlecht!« meint Rüdiger, »nur leider nicht zu bezahlen.« Olaf macht eine drastische Bemerkung über Geld.

Die Klempner reden über die Abwasserrohre. Man müßte sie etwas größer dimensionieren, weil die Leute ja ziemlich schludrig seien, meint Björn. Man wird die entsprechenden Rohre bestellen.

Morgen aber müßten erst einmal die Stahlträger in 114 eingezogen werden, damit das Haus nicht zusammenfällt, mahnt

174

Rüdiger an. Sie sind inzwischen geliefert worden; ich habe sie liegen sehen. Es sind ziemlich große Dinger.

»Wie wollt ihr die reinkriegen?«

»Na so«, sagt Rüdiger und zeigt auf seine Muskeln; ein Kran passe schließlich nicht in den Keller. Aber sie seien ja genügend Leute, die mit anfassen könnten.

Schwierigkeiten gibt es mit den Geldern. »Wie gewohnt hangeln wir uns von einem Desaster zum nächsten«, meint Lutz.

Glücklich ist Josef. »Endlich weg von der Sozi«, stellt er erleichtert fest. In seiner ersten Arbeitswoche macht er nichts anderes, als Schutt zu schaufeln, buchstäblich bis zum Umfallen. Dennoch beklagt er sich nicht. Danach bringt ihm Rüdiger das Verputzen bei. Im Haus 126 treffe ich Josef bei der Arbeit. Er verputzt mit Lehm und erklärt mir, warum dies ökologisch besser sei. Er hat inzwischen den Fachjargon der Handwerker drauf.

Neuerdings arbeitet er im Team der Klempner. Unter Björns Anleitung ist er zum Spezialisten fürs Fliesenlegen geworden. Diese Arbeit macht ihm Spaß, denn dabei, sagt er, könne er das Handwerkliche mit dem Künstlerischen verbinden. Er gibt den Bädern und Küchen so seine eigene Prägung. Seine Aufgabe gefällt ihm, was er macht, gefällt den anderen. Josef ist zufrieden.

Die Freizeit nutzt er weiterhin fürs Malen und Musizieren. Seinen Plan, eine Band zu gründen, ließ sich nicht verwirklichen. Mit Drum-Computer und Gitarre wurde er zur Ein-Mann-Kapelle und brachte eine eigene Kassette heraus: Selbst gespielte wie komponierte psychedelische Musik – mit Titeln wie: »eternity dance«, »summerrain«, »two hands«. Die beiden Hände finden sich auf dem selbst gestalteten Cover, eine schwarze und eine weiße vor großer, roter Sonne. Die Kassette ist im *Onkel Otto* für zehn Mark zu haben. Fünfzig Stück sind schon verkauft.

CHRONIK

1981

Richtiggehend besetzt wurden die Häuser der Hafenstraße nicht. Es sei denn durch Berber, Stadtstreicher. Die haben als erste in den leerstehenden Häusern gehaust – buchstäblich. Danach kamen Studenten, und die wurden geduldet, und nicht nur das: Sie erhielten vom Eigentümer, der stadteigenen Wohnungsgesellschaft SAGA, Nutzungsverträge. Sie räumen den Augiasstall aus, dichten Dächer ab, reparieren Rohre und Leitungen, setzen Scheiben ein.

1982

Die Häuser sollen abgerissen werden. Kaufinteressenten für das Grundstück am Elbhang sind ein Großverlag und ein Kaffeekonzern. Die Nutzungsverträge werden gekündigt, die Polizei räumt. Die Bewohner kehren zurück, beanspruchen die Häuser für ein alternatives Wohnmodell.

Sie werden nicht wieder vor die Tür gesetzt, denn Wahlen stehen vor der Tür.

Die Verkaufspläne sind vom Tisch. Ein Bausubstanzgutachten ergibt wirtschaftliche Vertretbarkeit einer Instandsetzung. Intern ist jedoch geplant, drei Häuser abzureißen. Es kommt zu Verhandlungen mit den »widerrechtlichen Nutzern«, die zu keinem Ergebnis führen, und zu Zwischenfällen mit der Polizei. Die SAGA läßt einige Wohnungen zumauern. Die CDU-Opposition sieht in der Hafenstraße ein Problem der inneren Sicherheit.

1983

Es werden Gelder zur provisorischen Instandsetzung und Winterfestmachung bewilligt; die Bewohner reparieren mit diesen Mitteln die Häuser.

Im Verlauf eines Straßenfestes kommt es zu tätlichen Auseinandersetzungen mit der Polizei. Sie dringt in die Häuser ein, um nach Sprengstoffen zu suchen. Ohne Ergebnis. Es gibt weitere Kämpfe. Die CDU fordert die Räumung der Häuser. In der Bürgerschaft kommt es zu scharfen politischen Gefechten – auch innerhalb der Koalition.

Die Verhandlungen kommen nicht vom Fleck. Die SAGA will Einzelmietverträge, die Bewohner fordern einen Generalnutzungsvertrag. Die SAGA verlangt 17.000 DM für Wasser, Sielgebühren, Müllabfuhr. Die Bewohner zahlen nicht und werden ultimativ aufgefordert, bis zum 22. November auszuziehen. Sie akzeptieren daraufhin die Einzelmietverträge, erhandeln aber Untermietererlaubnis. Die »widerrechtlichen Nutzer« werden zu Mietern – allerdings nur für drei Jahre.

1984

Das Bezirksamt sucht nach Möglichkeiten, das Mietverhältnis vorzeitig beenden zu können. Mittel für die Instandsetzung werden unberechtigt gestrichen. Die SAGA kommt ihren Pflichten zur Instandsetzung und Mängelbeseitigung nicht nach. Andererseits will sie die Arbeiten der Bewohner kontrollieren, das führt zu Konflikten. Den Beamten wird der Zutritt in die Häuser verwehrt. Es gibt gegenseitige Provokationen und tätliche Auseinandersetzungen. Einige Bewohner zahlen keine Miete und keine Stromrechnungen mehr. Die HEW stellt den Strom ab, die Bewohner verbarrikadieren ihre Häuser, zapfen Strom von Nachbarhäusern.

Bei Scharmützeln mit der Polizei gibt es auf beiden Seiten Verletzte. Es ist von einem rechtsfreien Raum in der Hafenstraße die Rede.

1985

Aus (gestohlenen) internen Protokollen geht hervor, daß die Baubehörde und das Bezirksamt den Abriß wollen. Der Bausenator, gleichzeitig Aufsichtsratsvorsitzender der SAGA, steht dahinter. Ein Unbewohnbarkeitsattest soll eine sofortige Räumung mit anschließendem Abbruch ermöglichen. Eine Begehung soll die Unbewohnbarkeit feststellen. Sie wird verweigert. Unter massiver Amtshilfe der Polizei dringen die Beamten der Bauprüfabteilung und ein Gerichtsvollzieher am 28. März in die Häuser ein, wobei etliche Schäden entstehen. Die Unbewohnbarkeit wird, wie vorher verabredet, festgestellt. Ein für die Instandsetzung notwendiges Baugerüst der Bewohner wird unter Polizeischutz abgebaut. Die Bewohner wollen dies verhindern, was zu tätlichen Auseinandersetzungen führt.

Ein Planerkollektiv stellt die Architektenbetreuung ein, weil es der SAGA nicht mehr um die Instandsetzung der Häuser gehe, sondern um deren Abriß. Diese Absicht ist durch die internen Protokolle publik geworden. Die daraufhin eingeleitete erneute

Überprüfung erweist, daß Unbewohnbarkeit nicht gegeben ist.

Die Situation bleibt dennoch gespannt, es gibt immer wieder polizeigestützte Hausbegehungen und Räumungen einzelner Wohnungen; und die Abrißpläne sind keinesfalls vom Tisch. Protestaktionen der Bewohner nehmen an Heftigkeit und Militanz zu.

Am 1. August kommt es zu schweren Zusammenstößen zwischen Bewohnern und der Polizei nach einem Polizeieinsatz aus nichtigem Anlaß – Gefährdung des Straßenverkehrs durch ein Blitzlicht.

Der Leiter des Hamburger Verfassungsschutzes, Christian Lochte, charakterisiert die Bewohner als »Lumpenproletariat« und erklärt, zwei RAF-Frauen hätten ihren Wohnsitz in die Hafenstraße verlegt. In den meisten Medien gelten die Hafensträßler als Terroristen, Kriminelle, Chaoten, bestenfalls als Punks.

1986

Das Jahr beginnt mit einem »Widerstandskongreß« in der Hafenstraße, an dem mehrere hundert Menschen teilnehmen.

Im Februar spricht sich der SPD-Senat für die Räumung aller Häuser nach dem Auslaufen der Mietverträge Ende des Jahres aus. Unterschiedliche Räumungsstrategien werden entwickelt. Die CDU fordert die Räumung vor Ablauf der Verträge.

Der SPD wird von der Opposition und der Boulevardpresse mangelnde Tatkraft vorgeworfen. Sie bemüht sich, der Hafenstraße mit Härte und Konsequenz zu begegnen. Sie verstärkt Polizeiaktionen, vollstreckt Räumungstitel, wobei sich der neue Innensenator Pawelczyk als Hardliner erweist. Durch diese Politik eskaliert die Gewalt. Viele Medien honorieren jedoch den Einsatz, andere sprechen von staatlicher Überreaktion.

Als im Oktober, in der sogenannten Sperrmüllaktion, wegen eben dieses Mülls ein spektakulärer Polizeieinsatz erfolgt, gerät die SPD unter Beschuß, sowohl aus den eigenen Reihen, wie auch von Prominenten: Kirchenvertreter, Gewerkschafter, Künstler, Wissenschaftler. Die finden auch in den Medien Gehör. Die Stimmung beginnt sich zu wandeln. Die SPD bleibt indessen bis zur Wahl bei ihrem repressiven Kurs. So werden im Oktober unter Mithilfe von über 500 Polizisten inklusive Mobiles Einsatzkommando (mit geschwärzten Gesichtern) sechs Wohnungen geräumt, die Habe der Mieter wird aus dem Fenster geworfen. Bei diesem Einsatz soll es umfangreiche unnötige Zerstörungen gegeben haben. Die *tageszeitung* schrieb vom »Vandalismus« der Polizei. Innensenator Pawelczyk (SPD) erklärte, die Vorwürfe seien »durch nichts bewiesen und völlig haltlos«. Es gibt sechs ähnliche Großeinsätze innerhalb eines halben Jahres, bei denen oft das ganze Viertel von der Polizei abgesperrt wird.

Der Fraktionsvorsitzende der SPD und späterer Nachfolger Dohnanyis, Henning Voscherau, plädiert für den Abriß der Häuser, sobald dieser rechtlich möglich sei. Innensenator Pawelczyk prüft die Möglichkeit einer Räumung auf polizeirechtlichem Weg. Bürgermeister von Dohnanyi favorisiert eine friedliche Lösung, was zu erheblichen internen Spannungen in der Regierung führt.

Bei der Bürgerschaftswahl im November verliert die SPD über 9% Stimmen, es gibt abermals keine regierungsfähige Mehrheit. In St. Pauli kommen die Grünen auf 29,3%.

Die Polizeieinsätze im Viertel gehen weiter. Es bildet sich die Initiative: Nachbarn für die Hafenstraße.

Das Jahr endet mit einer Demonstration gegen die geplante Räumung der Hafenstraße, an der etwa 10 000 Menschen teilnehmen. Bei dem Versuch der Polizei, Teile der Demonstranten einzuschließen, kommt es zu schweren Auseinandersetzungen mit Verletzten auf beiden Seiten.

1987

Die politische Linie gegenüber der Hafenstraße stellt sich in dreifacher Weise dar: als Bedrohung der inneren Sicherheit, als Versuch, alternative Wohn- und Lebensformen zu erproben und als zu befriedender Konflikt.

Es gibt eine Verhandlungsoffensive gegenüber den Bewohnern mit dem Ziel einer friedlichen Lösung. Sie scheitert. Der Senat schreibt dafür den Bewohnern die Verantwortung zu. Sie hatten bereits geräumte Wohnungen erneut wieder besetzt. Es folgen Polizeieinsätze mit gewaltsamen Auseinandersetzungen, mehrere Hausbegehungen durch die SAGA, jeweils begleitet von starken Polizeiaufgeboten. Auf der anderen Seite gibt es eine Serie von militanten Protestaktionen. Höhepunkt ist der sogenannte »Tag X«, durchgeführt von »Unterstützergruppen« unter dem Motto: »Solidarität mit der Hafenstraße«. Das Studio von Radio Hamburg wird besetzt, Scheiben gehen zu Bruch, u.a. die im Hause des Senatspräsidenten, eine Bankfiliale wird gestürmt.

Im Mai nehmen mehrere hundert Hamburger an einem Fest vor den Häusern der Hafenstraße teil.

Im Juli gibt es die Hamburger »Pollerkrise«. Die Bewohner haben einige Betonklötze vor ihre Häuser gestellt. Der Innensenator ordnet einen Hubschraubereinsatz an. Aus der Luft werden die Leute aufgefordert, die Arbeiten unverzüglich einzustellen.

Im August fordern 500 Polizisten, alle SPD-Mitglieder, in einem offenen Brief Bürgermeister von Dohnanyi auf, die rechtswidrigen Zustände in der Hafenstraße nicht weiter zu tolerieren.

Die Verhandlungen mit Jan Philipp Reemtsma, der bereit war, als Privatmann die umstrittenen Häuser zu kaufen, um das Problem zu »entstaatlichen«, scheitern.

Dohnanyi macht die Hafenstraße zur Chefsache und legt einen Entwurf für einen Pachtvertrag vor, der den Erhalt der Häuser vorsieht. Die CDU lehnt ihn ab, aber es gibt auch Kritik aus eigenen Reihen. Henning Voscherau, später Dohnanyis Nachfolger, tritt aus Protest als Fraktionsvorsitzender der SPD zurück. Anwälte der Mieter erklären, wesentliche Teile des Vertrages widersprächen sozial- und rechtsstaatlichen Grundsätzen, sehen darin einen Knebelvertrag. Diese Auffassung teilen 65 andere Hamburger Juristen.

Im September legt der Senat einen modifizierten Vertrag vor und verbindet ihn mit dem Ultimatum, die Befestigungen bis 31. Oktober abzubauen. Die Frist läuft ab, und am selben Tag demonstrieren 1500 weitgehend Vermummte für die Bewohner der Hafenstraße. Der Bürgermeister erklärt die Vertragsverhandlungen für gescheitert. In der Hafenstraße werden Barrikaden errichtet, Gräben aufgerissen, Stacheldraht verlegt. Es ergeht Demonstrationsverbot. Polizei und Bundesgrenzschutz umstellen die Häuser der Hafenstraße, 5000 Mann. Die gewaltsame Räumung scheint bevorzustehen. Aber Dohnanyi gibt den Einsatzbefehl nicht, gewährt eine weitere Frist und verpfändet sein Amt und sein politisches Wort für die Einhaltung der Zusagen des Senats. Der Vertrag wird daraufhin unterschrieben – das sogenannte »Wunder von Hamburg«.

Der Verein Hafenstraße e.V. fungiert fortan als Vertragspartner der Stadt. Gemäß seiner Satzung kann Mietern gekündigt werden, wenn sie gegen das Gebot der Gewaltfreiheit verstoßen.

1988

Das Jahr beginnt mit einer ungenehmigten Demonstration von mehr als tausend teilweise Vermummten, die von der Hafenstraße zum Hamburger Untersuchungsgefängnis ziehen.

Der Pachtvertrag tritt in Kraft, obwohl noch nicht alle Befestigungen beseitigt sind und der illegale Piratensender Hafenstraße weitersendet. Er soll zu Straftaten aufgerufen haben. Rund hundert Delikte im ersten Vierteljahr zählte *Die Welt*. In der Volksküche soll eine Berlinerin zusammengeschlagen worden sein, die fälschlich für eine Zivilfahnderin der Polizei gehalten worden ist. Mit Zwillen soll auf ein Polizeifahrzeug geschossen worden sein. Es heißt, die Polizei habe Anweisungen, Straftäter im Bereich der Hafenstraße nicht zu verfolgen, um den Vertrag nicht zu gefährden. Der ist mehr und mehr umstritten, auch in Dohnanyis eigener Partei. Der Fraktionsvorsitzende Perschau erklärt, die Hafenstraße etabliere sich unter dem Schutz des Pachtvertrages zu einer Art Kommandozentrale des RAF-Umfeldes.

Es wird ein parlamentarischer Untersuchungsausschuß zum Thema Hafenstraße eingesetzt. Die Opposition will damit beweisen, daß Dohnanyi mit seiner Lösung »den Rechtsstaat zur Disposition der Gewaltbereiten« gestellt habe und seine Politik den Rechtsstaat gefährde.

Der Verein Hafenstraße wird als e.V. eingetragen.

Dann flüchten zwei Autoknacker, von Zivilfahndern verfolgt, in ein Haus der Hafenstraße. Polizeiverstärkung rückt heran und wird mit Steinwürfen und Zwillenschüssen zum Rückzug gezwungen, fünf Polizisten werden verletzt. Quer durch alle Parteien und die Medien geht der Ruf nach Räumung. »Jetzt muß durchgegriffen werden«, verlangt selbst der Innensenator.

Dohnanyi ist isoliert und muß zugeben, daß die Zustände in der Hafenstraße »keineswegs vertragsgemäß« seien und das Experiment »vom Scheitern bedroht« sei. Seine eigene Behörde hintertreibt seine Politik. Sanierungsgelder, die den Bewohnern vertraglich zustehen, werden nicht oder nur zu einem Bruchteil ausgezahlt. Man will wieder den Abriß. Die 500 Mann starke SPD-Betriebsgruppe in der Hamburger Polizei tritt aus Protest gegen Dohnanyis Hafenstraßenpolitik geschlossen zurück.

Die Diskussion um den rechtsfreien Raum entbrennt aufs Neue. Hinzu kommen die immer noch nicht bezahlten Stromrechnungen, die sich laut *Spiegel* auf eine halbe Million Mark belaufen. Empört über die Ungleichbehandlung der Bürger durch den Senat, zahlen viele ihre Bußgelder nicht – hierzu hat ein CDU-Politiker aufgerufen.

52% der Hamburger halten Dohnanyis Politik für falsch. Zweifel an seinem Kurs mehren sich in seiner eigenen Partei. Amtsmüde tritt der erste Bürgermeister am 1. Juni zurück.

Der Notar Henning Voscherau wird sein Nachfolger und tritt mit dem Versprechen an, die Hafenstraße aufzulösen. Die Lage dort sei rechts- und verfassungswidrig, die Geduld des Senats erschöpft, sagt er.

Die Beendigung des Projekts Hafenstraße will er über das Mietrecht erreichen. Er verfolgt jedoch noch einen anderen Plan. Er will das Haus 126 begehen und für unbewohnbar erklären lassen. Als Reaktion auf den zu erwartenden Widerstand will er dann gemäß dem Gesetz für Sicherheit und Ordnung (SOG) die Häuser stürmen und räumen lassen, damit sie anschließend abgebrochen werden können. Aber die Sicherheitsexperten raten ab, echte Sicherheitsgefährdung sei nicht erkennbar.

Eine Abmahnung des Vereins Hafenstraße wegen Befestigung eines Baugerüsts mit Stacheldraht bleibt erfolglos. Aber ein Transparent mit Polemik gegen den Staat Israel kann beseitigt werden.

Abschlußbericht des parlamentarischen Untersuchungsausschusses (PUA): Der Senat habe sich nicht »stetig und konsequent genug« um eine tragfähige Lösung bemüht. Es habe ein wiederholtes »Vor und Zurück« gegeben durch anhaltende Meinungsverschiedenheiten zwischen Behörden, aber auch einzelnen Senatoren. Beim Zustandekommen des Pachtvertrages seien ebenfalls tiefgreifende Differenzen aufgetreten. Voscherau: »Kein Ruhmesblatt für Regierungshandeln.«

1989

Im März wird die Verwaltung der Häuser an die Verwaltungsgesellschaft Hafenrand GmbH übergeben, die dem Senat direkt unterstellt ist.

Im April verkündet eine sozialliberale Senatskommission das politische Aus für das Wohnprojekt Hafenstraße.

Die Hafenrand GmbH verschickt fristlose Kündigungen.

Im Mai soll eine Räumungsverfügung gegen etwa ein Dutzend Wohnwagen, die in einer Baulücke zwischen den Häusern stehen, vollstreckt werden. Es rücken fünf Hundertschaften Polizisten an, 20 Wasserwerfer, 10 gepanzerte Fahrzeuge. Ein Plenum in der Hafenstraße beschließt Zurückhaltung. Es gibt Rangeleien, und es fliegen ein paar Steine und Farbbeutel, einige Polizisten werden mit Wasserpistolen bespritzt. Die erwartete »große Schlacht«, die vielleicht zu Erstürmung und Räumung der Häuser hätte führen können, bleibt aus. Die *tageszeitung* berichtet von einem internen Gesprächsprotokoll, das diese Absicht bestätigt. Die Polizeiführung, so heißt es, verweigerte jedoch der Politik diesen Dienst.

Innensenator Hackmann schätzt die Kosten dieser Aktion auf 650 000 Mark.

Nach diesem Großeinsatz der Polizei gab es etliche, teils gewalttätige Solidaritätsaktionen, nicht nur in verschiedenen Hamburger Stadtteilen, sondern auch in Hannover und in Oslo. In der Hafenstraße blieb es ruhig.

Die Gewerkschaft der Polizei fordert die Räumung der umstrittenen Häuser.

Nach zwei Abmahnungen kündigt die Hafenrand GmbH im April Dohnanyis Pachtvertrag nach Krawall im *Onkel Otto*. Vierzig Polizisten hatten das Lokal gestürmt, um einen Straftäter festzunehmen. Elf Polizisten wurden verletzt, sechs Polizeifahrzeuge beschädigt. Die Suche blieb ergebnislos.

Voscherau spricht von Gewaltanmaßung, Verhöhnung des Rechtsfriedens und des Staates, Rufschädigung Hamburgs und befindet: »Es ist genug.«

Die Hafenrand GmbH kündigt den Mietern am 24.4.1989 fristlos. Bis zum 8. Mai müssen sie ausgezogen sein. Der Termin verstreicht ergebnislos. Es wird eine zweite und dritte Kündigung ausgesprochen und Klage erhoben.

2000 Menschen demonstrieren für den Erhalt der Hafenstraße.

Die Hafenstraße bleibt in den Schlagzeilen, Straftaten der Hafensträßler werden hingegen kaum noch berichtet.

1990

Zweihundert Polizisten verschaffen sich gewaltsam Zugang in ein Haus, um vier Haftbefehle zu vollstrecken. Die Gesuchten werden nicht gefunden, vier andere festgenommen und kurz darauf wieder auf freien Fuß gesetzt.

Ein großes Aufgebot an Polizisten durchsucht die Häuser nach RAF-Terroristen. Sie finden keinen, hinterlassen aber etliche Beschädigungen.

September: Das Gericht trifft keine Entscheidung in Sachen Pachtvertrag, verlangt neue Beweise für Straftaten in der Hafenstraße.

Die Hafenrand GmbH verbietet per einstweiliger Verfügung weitere Sanierungsarbeiten.

Im November demonstrieren 1000 Leute für den Fortbestand des Wohnprojekts Hafenstraße. 1500 Polizisten und Bundesgrenzschützer begleiten den Zug.

Im Dezember erklärt Bürgermeister Voscherau, die Häuser noch vor den Bürgerschaftswahlen im Juni 1991 räumen zu lassen.

1991

Das Landgericht erklärt im Januar die fristlosen Kündigungen vom April 1989 für rechtmäßig. Voscherau begrüßt das Urteil. Auch in den Medien und der Öffentlichkeit überwiegt Genugtuung.

Es wird ein Antrag auf Räumung gestellt. Die Koalition streitet über das weitere Verfahren. Das Bezirksamt streicht eigenmächtig die Mietzahlungen für Sozialhilfeempfänger, die in der Hafenstraße wohnen.

Der zuständige Gerichtsvollzieher lehnt die Räumung der Häuser ab. Das Amtsgericht deckt ihn.

Der Verein Hafenstraße legt Berufung gegen das Räumungsurteil ein und gewinnt.

5000 Menschen demonstrieren für die Hafenstraße.

Voscherau verkündet: Hafenstraßenprojekt endgültig gescheitert. Die Hafenstraße sei ein Kristallisationskern für strukturelle Gewalt, der beseitigt werden müsse.

Im November entscheidet das Oberlandesgericht Hamburg, daß die Kündigung rechtmäßig ist, aber gegen jeden Mieter ein Räumungstitel erwirkt werden müsse.

1992

Die Prozesse um die Kündigung der Mieter beginnen. Nur die Grünen sind dagegen. Die ersten Räumungsklagen scheitern, die Hafenrand GmbH geht in die Berufung.

Eine Wohnung wird geräumt, aber nur, weil sie als Büro benutzt wurde. Eine weitere Wohnung soll geräumt werden, es wird jedoch Vollstreckungsschutz gewährt.

Das Landgericht setzt die Entscheidung über die Räumung der Hafenstraße aus.

1993

Vor dem Landgericht obsiegt im April die Hafenrand GmbH; das Gericht verweigert den Mietern den Kündigungsschutz des sozialen Mietrechts.

Im November das endgültige Urteil: Die Kündigungen sind rechtens. Bis zum 31. März 1994 müssen die Mieter räumen. »Nicht freiwillig«, sagen die und legen Verfassungsbeschwerde ein. Sie wird abgelehnt.

Im Dezember liegen alle Räumungstitel gegen die Bewohner vor. Der Abriß der Häuser ist für den 1. Juni 1994 geplant. Die FDP ist für den Erhalt der Häuser.

Die Hafenstraßen-Genossenschaft wird gegründet, sie hat 600 Mitglieder, die Anteile für 140 000 Mark gezeichnet haben.

1994

Im Haus der Patriotischen Gesellschaft gründet sich ein *Dialog-Forum,* dem einige einflußreiche Persönlichkeiten angehören, u.a. Jan Philipp Reemtsma. Sie wollen zu Gunsten der Hafenstraße im Konflikt vermitteln. Mitglied Robert Vogel, Millionär und Ex-Landesvorsitzende der FDP, erklärt, die Hafenstraße setze eine Stadtentwicklungspointe, um die andere Städte uns beneiden würden.

Im Februar vollzieht Bürgermeister Voscherau einen radikalen Kurswechsel. Völlig unerwartet verkündet er, auf die vor Gericht erstrittene Räumung der Häuser könne verzichtet werden, wenn sich die mehr als hundert Bewohner weiterhin friedfertig verhalten. Seine Begründung: In den letzten Jahren hätten sich die Verhältnisse in der Hafenstraße entspannt (»durch die geduldige, aber konsequente Haltung des Senats«).

»Erschrocken« reagiert die CDU und bescheinigt Voscherau Wortbruch. Den Grünen geht dessen Entgegenkommen nicht weit genug. Die STATT-Partei, Kooperationspartner der SPD, findet es »sehr positiv«, daß Voscherau von der strikten Linie der Räumung abgeht. Der linke Parteiflügel stimmt ihm zu, beim rechten gibt es Kritik. Seine Gedanken seien nicht nachvollziehbare strategische Überlegungen, meint der Abgeordnete Reinhard Hinze, der diesem Flügel zugehört, und erklärt: »Das Nest Hafenstraße muß ausgeräumt werden.«

Die traditionsreiche und renommierte Patriotische Gesellschaft bietet sich als Vermittlerin an.

Voscherau macht Senator Mirow zum Chef der Hafenstraßen-Lösung.

1995/1996

Zum ersten Mal in der Geschichte der Hafenstraße gibt es ein offizielles direktes Gespräch: Im Februar diskutiert Senator Mirow mit drei Vertretern der Hafenstraße. Sie wollen die Überführung der Häuser an die Genossenschaft Hafenstraße erreichen. Für Mirow ist das »politisch nicht vorstellbar«, zudem »illusionär und falsch«. Man einigt sich nicht, aber das Gespräch verläuft sachlich.

Die Räumung ist nicht vom Tisch, auch bei der SPD nicht, es gibt Kontroversen in der Fraktion. Dessen ungeachtet wird Mitte des Jahres die Privatisierung beschlossen. Mirows Begründung: »Der Staat hat sich als unfähig erwiesen, den Konflikt zu lösen.«

Im nächsten Jahr ist die Lösung gefunden: Vertragspartner ist die Genossenschaft Alternativen am Elbufer, eigens zum Zweck der Übernahme gegründet. Sie wird getragen von Hamburger Bürgern – Geschäftsleuten, Politikern, Pastoren, Juristen. Mitglied ist ferner die Genossenschaft St. Pauli Hafenstraße, der weitgehend Bewohner angehören, und der 1400 von 1846 Anteilen gehören. Der (politische) Kaufpreis von rund 2 Millionen Mark kann in drei Raten innerhalb von sechs Jahren bezahlt werden. Es gibt 1900 Mark pro Quadratmeter Renovierungszuschuß, der liegt 400 Mark unter dem für solche Projekte üblichen Satz. Der neue Eigentümer muß die Häuser innerhalb von sechs Jahren sanieren. Am 20. Juni 1996 wird der Vertrag in aller Stille unterschrieben. Dieser Abschluß löst vielfältige und teilweise heftige Kritik aus. Aber seitdem herrscht weitgehend Ruhe am Hafenrand.

Bei der Beschaffung der Informationen für diese Chronik waren mir behilflich:

HWWA – Institut für Wirtschaftsforschung
Abteilung Pressedokumentation
Neuer Jungfernstieg 21
20354 Hamburg

Dr. Helene Manos, Hamburger Stiftung zur Förderung von
Wissenschaft und Kultur – Projekt St. Pauli
Neuer Kamp 25
20359 Hamburg

St. Pauli-Archiv e.V.
Wohlwillstr. 28
20359 Hamburg
insbesondere Monika Sigmund

Benutzte Literatur:

Michael Herrmann, Hans-Joachim Lenger, Jan Philipp Reemtsma,
Karl Heinz Roth: *»Hafenstraße«. Chronik und Analysen eines Kon-
flikts*, Hamburg 1987

Werner Lehrne: *Der Konflikt um die Hafenstraße. Kriminalitätsdis-
kurse im Kontext symbolischer Politik*, Pfaffenweiler 1994

INHALTSVERZEICHNIS

Madeleine Grawitz
BAKUNIN
Ein Leben für die Freiheit
Biographie / Gebunden / 592 Seiten

»Grawitz hat ein Gespür für die politischen und die
psychologischen Innensichten ihres Helden, den sie
keineswegs romantisiert, sondern dem sie ein lesbares,
historisch präzises Denkmal setzt.«
Neue Zürcher Zeitung

Paco Ignacio Taibo II
CHE. DIE BIOGRAPHIE
DES ERNESTO GUEVARA
Deutsche Erstausgabe / Gebunden / 740 Seiten

»Taibos Biographie ist mit heißem Herzen geschrieben,
voller Sympathie für die kubanische Revolution und ihre
Protagonisten, ohne daß der Autor in den Fehler verfällt,
den zahlreichen offiziellen Hagiographien
eine weitere hinzuzufügen.«
Elke Schubert, Die Zeit

Erich Mühsam
UNPOLITISCHE ERINNERUNGEN
Gebunden / 240 Seiten

Die *Unpolitischen Erinnerungen* sind ein lebendiges
Zeugnis für eine der interessantesten Epochen unserer
Literatur, sie sind ein Vademekum durch die
Literatur- und Kunstszene um 1900.

verlegt bei Edition Nautilus

Inge Viett
NIE WAR ICH FURCHTLOSER
Autobiographie
Gebunden / 320 Seiten

»Aus individueller Überlebensstrategie ist ein sensibles,
kluges Buch entstanden, ein überzeugendes Dokument
zeitgeschichtlicher Aufarbeitung.«
Susanne Alge, Freitag

Billie Holiday
LADY SINGS THE BLUES
Autobiographie / Broschur / 210 Seiten

»Man hat mir gesagt, daß niemand das Wort ›Hunger‹
so singt wie ich. Genauso das Wort ›Liebe‹. Vielleicht
liegt das daran, daß ich weiß, was diese Worte
beinhalten ... Alles was ich bin und was ich vom Leben
will, läßt sich auf diese beiden Wörter zurückführen.«
Billie Holiday

Franz Jung
DER WEG NACH UNTEN
Aufzeichnungen aus einer großen Zeit
Autobiographie / Broschur / 440 Seiten

Die rasante Chronik eines Individuums und seiner Zeit:
Bohemien, Dada-Trommler, Wirtschaftsanalytiker,
Revolutionär, Deserteur, Börsenkorrespondent,
Meuterer, Agitator. Ein schonungsloser Bericht
über ein abenteuerliches Leben.

verlegt bei Edition Nautilus